GESTÃO
DE IMAGEM
propósito, plano de carreira
e êxito profissional

Dados Internacionais de Catalogação na Publicação (CIP)
(Simone M. P. Vieira - CRB 8ª/4771)

Reis, Joel
 Gestão de imagem: propósito, plano de carreira e êxito profissional / Joel Reis, Roseli Mazulo. - 2. ed. - São Paulo : Editora Senac São Paulo, 2022.

 Bibliografia.
 ISBN 978-85-396-3638-9 (impresso/2022)
 e-ISBN 978-85-396-3639-6 (ePub/2022)
 e-ISBN 978-85-396-3640-2 (PDF/2022)

 1. Gestão de imagem 2. Imagem pessoal 3. Gestão de carreira I. Mazulo, Roseli. II. Título.

22-1663t
CDD – 391
650.14
BISAC DES000000
CRA009000
BUS037020

Índices para catálogo sistemático:
 1. Estilo : Moda : Costumes 391
 2. Gestão de carreiras 650.14

Joel Reis | Roseli Mazulo

GESTÃO DE IMAGEM
propósito, plano de carreira e êxito profissional

2ª edição

Editora Senac São Paulo – São Paulo – 2022

ADMINISTRAÇÃO REGIONAL DO SENAC NO ESTADO DE SÃO PAULO
Presidente do Conselho Regional: Abram Szajman
Diretor do Departamento Regional: Luiz Francisco de A. Salgado
Superintendente Universitário e de Desenvolvimento: Luiz Carlos Dourado

EDITORA SENAC SÃO PAULO
Conselho Editorial: Luiz Francisco de A. Salgado
                      Luiz Carlos Dourado
                      Darcio Sayad Maia
                      Lucila Mara Sbrana Sciotti
                      Luís Américo Tousi Botelho

Gerente/Publisher: Luís Américo Tousi Botelho
Coordenação Editorial: Verônica Pirani de Oliveira
Prospecção: Dolores Crisci Manzano
Administrativo: Verônica Pirani de Oliveira
Comercial: Aldair Novais Pereira

Edição e Preparação de Texto: Heloisa Hernandez
Coordenação de Revisão de Texto: Marcelo Nardeli
Revisão de Texto: Daniela Paula Bertolino Pita
Coordenação de Arte: Antonio Carlos De Angelis
Projeto Gráfico, Capa e Editoração Eletrônica: Veridiana Freitas
Coordenação de E-books: Rodolfo Santana
Impressão e Acabamento: Rettec

Proibida a reprodução sem autorização expressa.
Todos os direitos desta edição reservados à
EDITORA SENAC SÃO PAULO
Av. Engenheiro Eusébio Stevaux, 823 – Prédio Editora
Jurubatuba – CEP 04696-000 – São Paulo – SP
Tel. (11) 2187-4450
editora@sp.senac.br
https://www.editorasenacsp.com.br

© Editora Senac São Paulo, 2022

sumário

Nota do editor, 7

Agradecimentos, 9

Prefácio, 15

Apresentação, 17

1 Imagem e carreira, 25

2 Autoconhecimento: quem sou eu, de fato?, 35

3 Mapeando competências profissionais, 45

4 Soft skills: habilidades humanas no âmbito corporativo, 71

5 Plano de carreira: coaching, trajetória e foco, 81

6 Networking: como fazer bom uso da sua rede de contatos, 101

7 Imagem pessoal no trabalho: projeção e verdade, 111

8 Os 5S e a apresentação pessoal, 127

9 Gestão de carreira e imagem de sucesso, 139

10 A importância da boa comunicação, 151

11 Vestuário e comportamento social, 161

12 A inteligência social no trabalho, 173

13 Foco, determinação e automotivação: sucesso, aí vou eu!!!, 185

14 Relações públicas: o gerenciamento da comunicação, 193

15 Ética, sustentabilidade, questões sociais e espirituais, 205

16 Inteligência financeira, 215

17 Propósito: o significado de uma existência, 233

Referências, 245

nota do editor

Nesta publicação, Joel Reis e Roseli Mazulo somam conhecimento e experiências profissionais para se dedicar ao tema da imagem pessoal e seu impacto no meio social e profissional.

Mais do que sugerirem regras, os autores acreditam que só é possível transmitir uma imagem pessoal positiva quando ela é autêntica e consistente, pautada naquilo que somos e acreditamos.

Nesse sentido, pontuam que um dos recursos mais relevantes é o autoconhecimento, para identificar o que é realmente importante para cada um. A partir daí, oferecem ferramentas que podem ajudá-lo a se conhecer melhor, apresentam os principais aspectos que compõem a imagem pessoal e orientam sobre como traçar um plano de carreira adequado aos seus objetivos.

A empatia e o respeito ao outro são destacados como valores fundamentais nesse processo, assim como o cultivo de relacionamentos colaborativos, entendendo que vivemos em sociedade e precisamos uns dos outros em nosso dia a dia, o que se nota desde a importância do networking para o desenvolvimento profissional até as questões ambientais que tangem a sustentabilidade do planeta: estamos todos interligados.

O Senac São Paulo lança esta publicação com o intuito de contribuir para o aprimoramento pessoal e profissional de cada leitor, propiciando conteúdo de qualidade a todos que desejam melhorar a sua imagem para o desenvolvimento de carreira.

agradecimentos

Em primeiro lugar, gostaria de agradecer a Deus. Depois, à minha família, ao meu pai Joaquim, à minha mãe Lourdes – que adora ser chamada de Lurdinha –, ao meu irmão Cristiano e à minha avó querida Maria Carmelita (uma estrela já no céu).

Aos amigos que participaram desse processo, como minha grande amiga Gisele Cury, Thiago Fonseca, Daniel Amaral, Jeniffer Bresser, Karina Sato, Felipe Abreu, Raquel Zanchet, Emanuelle Andrade, Analu Rovito, Ana Paula Faria, Anderson Santos, Liliane Lemos, Elisangela Fantin, Dani Boll, Cris Romagnoli e todos os profissionais que embasaram os capítulos: vocês são muito queridos!

Roseli Mazulo, nosso encontro é mais que especial, é de alma! Muito obrigado.

Tenho muito mais que agradecer nesta obra, pois foram grandes os desafios para produzir um conteúdo muito delicado na atualidade. Gratidão a todos.

Que esta publicação seja especial no coração de cada um de vocês, leitores amados, pois de nada adianta escrever sem tocar, seja por uma palavra, seja por um capítulo ou mesmo pelo conjunto da obra.

JOEL REIS

Gratidão. Eis a palavra que tem norteado a minha vida.

Grata a Deus, pois minha história é mais
uma prova de que Ele existe.

Aos meus pais, Oswaldo Lourenço (no céu) e Maria de
Lourdes Mazulo, fontes inesgotáveis de inspiração.

Às amadas irmãs, Vera (no céu), Fátima, Regina,
Andrea (no céu) e Cida, pelo amor incondicional,
pelo respeito, pelo apoio de cada dia.

Ao meu marido, Pedro Manuel, que me fez pensar,
refletir e entender o que é autoestima, de fato.

Aos meus sobrinhos, vida e ar, força e inspiração: Eliana,
Suzi, Alexandre, Gabriela, Thiago, Lucas, Renata, Leonardo,
Matheus, Beatriz, Rafaela, Gustavo e Rychard (no céu).

E aos sobrinhos-netos: Isabela, João Vítor, Vitória, Miguel,
Isadora, Alice e Davi, símbolos da esperança e do recomeço.

À minha irmã de alma, Rozina Varani… Perto de quem realizo meus sonhos maiores.

Às amigas de sempre e para sempre, Wânia de Almeida Jorge de Medeiros, Alcione Silveira e Rosana Freneda, pelo amor gigante, pelo cuidado e pelos mimos para comigo… além de sempre diminuírem as dores da minha alma. Amor, sempre, para sempre!

À Manuela Rodriguez, minha amada Lolita. Gratidão por ter tornado minha caminhada menos árdua.

À Ádyla Maurício Zaidan, linda, inteligente, sagaz e inquieta. Minha inspiração aquariana. Amo você.

À mais elegante das amigas: Sandra Carvalho Concencio. Obrigada por ser a personalização da beleza, da ética, da lealdade e do talento.

À Milena Challis Bleinroth Artea, amada amiga e inspiração de amor, família, lealdade, ética, trabalho e beleza. Ensinou-me que o trabalho constrói a sorte. Gratidão, sempre!

À Adriana Masili, meu espelho de alma.

Ao Joel Reis, esse príncipe gentil, que acreditou e embarcou no sonho deste livro.

E a todos aqueles (são tantos!!!) que passaram e permanecem em minha vida, ensinando e me fazendo genuinamente feliz.

ROSELI MAZULO

Gostaríamos de manifestar, juntos, nossos agradecimentos a Márcia Cavalheiro e a Paloma Marx, que acreditaram, opinaram, torceram e viabilizaram nosso sonho. Em especial, nesta edição, a Dolores Manzano, que nos acompanha.

Gratidão ao querido Arlindo Grund, que nos presenteou com um prefácio carinhoso.

Também eterna gratidão aos profissionais que, com sua *expertise*, finalizaram cada capítulo deste livro: Flávio Gazani, Elaine Silveira, Vera Lucia Jordão, Daniela Muniz, Ghoeber Morales, Hector Miranda, Carlos Ferreirinha, Chris Francini, Luciana Medeiros, Maria Márcia de Oliveira Lifante, Adriana Masili, Rosa Buccino, Pedro Prochno, Priscila Borgonovi, Melina Konstadinidis, Rodrigo Alves Sodré e Rosana Freneda.

JOEL REIS e **ROSELI MAZULO**

prefácio

A gestão da imagem não é um assunto novo. Muito pelo contrário, é tema tão antigo quanto o ditado "a primeira impressão é a que fica", que reflete exatamente os dias de hoje, em que todo mundo vive conectado, sem tempo de conhecer profundamente o outro. E, aí, as suas expectativas em relação ao próximo acabam se tornando, inconscientemente, a imagem dele.

Neste livro não entram as desnecessárias questões de julgamento. Achar também que, aqui, você encontrará fórmulas mirabolantes de consultoria de imagem, que façam você ter resultados ultramediatos, é uma doce ilusão. O fato é que os cuidados com a imagem são um conjunto de atitudes e complementos que tornam nossa convivência em comum muito mais leve e tranquila – quando usados da maneira correta e adequada, claro.

Nossas atitudes para com os outros necessariamente refletirão sobre nós em algum momento. O julgamento da imagem é inerente ao ser humano, inclusive sobre nós mesmos. O que nos diferencia é a maneira como fazemos isso e, principalmente, como nós interpretamos essas mensagens. E é exatamente para ter um direcionamento nesse sentido que este livro aborda um assunto que já vem sendo explorado há muito tempo, mas que sempre precisa de atualização.

Mas não pense que nesta publicação você encontrará como fazer combinações de roupas ou sugestões relacionadas à etiqueta social. O enfoque aqui é outro. O livro mostra como usar as ferramentas corretas para obter êxito na carreira profissional e na vida. Acima de tudo, com respeito a si mesmo e com uma consciência coletiva que valoriza o bem comum. Boa leitura!

ARLINDO GRUND
APRESENTADOR, ESCRITOR E CONSULTOR DE IMAGEM

apresentação

IMAGEM é um tema complexo e bastante delicado de se abordar.

Quando vemos alguém pela primeira vez, em uma situação profissional (reunião de negócios, entrevista de emprego, etc.) ou social (festa, fila do cinema, etc.), fazemos uma imediata leitura interpretativa da pessoa, pois não temos elementos concretos que nos levem a acreditar, a confiar ou a investir nesse relacionamento que pode, ali, ter início.

A partir do que vemos, fazemos conexões com experiências já vividas. Qualquer informação da pessoa (o nome, a cor dos olhos, as mãos, o jeito de falar, entre outros elementos) que nos lembre de algo já ocorrido traz à lembrança uma sensação, boa ou ruim, e assim já estamos prontos para gostar ou não de alguém que nos apresentam. Esse é o recurso que temos, inconscientemente, para nos protegermos de futuras frustrações.

Mas é claro que se trata de um prejulgamento e que, quando temos a oportunidade de nos aproximarmos e conversarmos, conhecendo melhor a pessoa, mudamos, na maioria das vezes, de opinião.

Por isso a imagem meramente visual é importante, pois, se não for agradável, pode nos negar a possibilidade de aproximação. O desleixo, a comunicação equivocada e a inadequação no vestuário podem nos impedir de mostrar nossa essência, nossos valores, competências e personalidade. Mas, se essa imagem for positiva, a aproximação é permitida.

Por essa razão, falar de imagem é tão delicado e controverso, porque partimos, sim, de um prejulgamento. Quando nos dedicamos a potencializar nossa imagem de maneira positiva, melhorando nossa postura, conhecendo-nos melhor e equilibrando nossa autoestima, somos capazes de projetar mais aspectos positivos, possibilitando maior aproximação e, consequentemente, a conquista de relacionamentos pautados em nossa verdade.

Nas próximas páginas, são apresentados os principais elementos que compõem a nossa imagem pessoal, com explicações sobre como cada um deles nos ajuda a conviver e a transitar socialmente, suscitando admiração e respeito, a partir de nossa verdade. Com esta leitura, também, poderemos nos abastecer de coragem para quebrarmos o paradigma do prejulgamento: conhecendo-nos melhor e aceitando o desafio de nos apresentarmos bem à sociedade, buscando nossas merecidas oportunidades e permitindo que nossos semelhantes façam o mesmo.

Por isso a proposta deste livro é conhecer, entender e respeitar nossa essência, nossos valores e nossas competências, considerando o bom convívio com outras pessoas, gestores, pares, subordinados, amigos, familiares e, principalmente, nós mesmos, pois viver em harmonia interior nos possibilita harmonizar o ambiente do qual fazemos parte. Assim, deixamos de prejulgar para promover oportunidades a partir de nossos relacionamentos e passamos a entender que imagem não é apenas uma questão de espelho.

A imagem que reflete o espelho não pode se sobrepor à imagem de nossas atitudes, de nossos gestos generosos, de nosso interesse em colaborar para um mundo melhor...

A imagem que reflete o espelho não pode ser maior do que nossa história de vida, do que cada dia vivido, do que nossa conduta ética, nossa cultura, nossa bagagem acadêmica.

A imagem que o espelho reflete deve celebrar nossa existência, com olhares afirmativos e orgulhosos de quem somos. A autoafirmação da imagem reflete um bem-estar imensurável.

A imagem positiva vem da autoconfiança, de acreditar e confiar em si. Quem rege essa projeção é a autoestima, é ela que nos mantém em pé, firmes, e nos traz a grata possibilidade de viver em sociedade sem medos ou reservas, como se todos ao nosso redor pudessem, a todo o momento, tomar o nosso lugar. A autoestima nos faz acreditar em nossa capacidade de viver, conviver e agregar valor a quem está por perto, sem tê-los como ameaça, mas, sim, como parceiros de vida, de profissão. Do mesmo lado da torcida!

Foi pensando no que leva algumas pessoas ao sucesso e ao reconhecimento, e outras, tão competentes ou mais, a não se fazerem vistas, respeitadas e valorizadas, além da noção incômoda (muito!!!) da imagem ligada apenas e tão somente à aparência física, que resolvemos apresentar outros aspectos que nos ajudam a construir uma imagem forte, positivando-nos perante o mercado de trabalho e as pessoas de nosso convívio social.

E também acreditando que todos nós temos uma pessoa muito, mas muito especial escondida em nosso eu interior, uma pessoa leal, interessada e interessante, que pode se destacar por méritos próprios ao desenvolver atitudes simples, que serão apresentadas nas páginas a seguir.

A proposta aqui é provocar, inspirar a tomada de decisão, promover o autoconhecimento, fazer com que cada um assuma as rédeas de sua vida e acabar, definitivamente, com a sensação de impotência que nos devora, encobre quem somos e nos torna invisíveis aos olhos do mundo.

Traremos aqui nosso olhar do cotidiano, ávidos que somos por conhecimento e apaixonados pelo ser humano. É apenas a nossa leitura de mundo. E, para complementar nossos "olhares", profissionais de cada área aqui abordada, ao final de cada capítulo, compartilharão um pouco de suas experiências e de seu conhecimento sobre cada tema.

Com a certeza de que todos podemos, ao final da leitura, ser pessoas melhores, com uma imagem positiva e com uma trajetória de sucesso a trilhar, elencamos aqui mesmo, antes de iniciar qualquer capítulo, algumas dicas simples, mas positivas, de algumas atitudes que mudam o jeito como nos vemos e lidamos com os desafios da vida.

Depois de lê-las, convidamos a todos para embarcar nessa viagem interior, proposta neste livro.

Discutiremos, talvez, o óbvio, mas só desista de ler este livro se, efetivamente, você PRATICAR o óbvio.

Atitudes que fazem a diferença

- Administre seu tempo com muita sabedoria.
- Adote um comportamento positivo.
- Aprenda a ouvir e a processar feedbacks.
- Aprenda a ter esperança, perseverança e otimismo, principalmente nos períodos de caos, mudanças e desafios.
- Aprenda a trabalhar em equipe.
- Aprenda algo diferente TODO DIA.
- Aproveite os momentos de crise para crescer.
- Assuma as rédeas da sua vida.
- Assuma riscos, seja ousado, criativo, inovador e corajoso.
- Compartilhe conhecimento.
- Comprometa-se e responsabilize-se com o seu aprendizado durante toda sua vida e com o desenvolvimento contínuo de suas competências.
- Construa relações pessoais e profissionais pautadas na confiança.
- Crie e perceba oportunidades de trabalho.
- Cuide de sua mente, corpo e espírito.
- Dê feedbacks construtivos e objetivos.

- Esteja preparado para escolhas e concessões, quando necessário.

- Estimule sua curiosidade e amplie a criatividade.

- Faça, sempre, um bom marketing pessoal.

- Gaste com moderação e assuma a responsabilidade por sua tranquilidade financeira.

- Invista em você e faça coaching.

- Leia livros, bons artigos, bons vídeos, assista a palestras, etc.

- Não delegue seus interesses, sua motivação, sua carreira ou seu desenvolvimento para quem quer que seja!

- Organize e cultive um bom network.

- Quebre muitos, muitos paradigmas.

- Revisite, repense e reinvente crenças.

- Seja adaptável e flexível.

- Seja um bom exemplo; construa confiança e inspire pessoas.

- Seja um líder participativo e verdadeiramente democrático.

- Viaje muito, conheça diferentes culturas.

- Leia este livro até o final.

1
Imagem e carreira

O QUE É IMAGEM?

Temos a ideia de que imagem significa se vestir e seguir as convenções sociais estabelecidas em cada ocasião. Algumas pessoas vão um pouco mais além e assumem um estilo de roupa e determinados comportamentos que fazem com que se encaixem em um nicho ou sejam aceitas em grupos sociais. Porém, o conceito de imagem é mais abrangente, principalmente quando analisamos como as pessoas se apresentam no dia a dia.

O mundo hoje está cada vez mais digital. No Brasil, mais de 100 milhões de pessoas são usuários ativos de redes sociais, o que nos coloca entre os quinze países do mundo com maior presença social nas redes.[1] As celebridades hoje não estão mais na TV, e sim em canais de *streaming* – são os famosos influenciadores. Exatamente como era feito há alguns anos, buscamos consciente ou inconscientemente copiar o *lifestyle* dessas pessoas.

---

[1] Dados obtidos a partir do relatório *Digital in 2016: We Are Social's Compendium of Global Digital, Social and Mobile Data, Trends ans Statistics*. Disponível em https://www.slideshare.net/wearesocialsg/digital-in-2016/16-wearesocialsg_16ACTIVEINTERNET_USERSTOTALPOPULATIONACTIVE_SOCIALMEDIA_USER-SMOBILECONNECTIONSACTIVE. Acesso em 20-7-2017.

Porém, quando se trata de imagem, muitas vezes isso acaba se tornando inconsistente: vestimos e pregamos conceitos de influenciadores, mas, na prática, agimos de forma totalmente diferente. E o que é ensinado em canais de *streaming* não é real, na maioria das vezes – assim como uma bula de remédio, existem contraindicações para esse tipo de conteúdo. Nem tudo na internet é uma fórmula mágica.

> *Nem tudo na internet é uma fórmula mágica.* **O real não corresponde ao digital.**

Ao longo deste livro, propomos a busca da essência individual. Queremos que você, leitor, seja capaz de se olhar no espelho, ver o que realmente quer e ser essa pessoa, única, diferente de qualquer influenciador ou *persona*.

Queremos ensiná-lo a criar uma imagem sua, que o deixe confortável para ser quem você realmente é, em todas as situações: diante das pessoas que você conhece, na hora de escolher a roupa para cada ocasião, ao decidir o que comer, no que acreditar, o que defender e como se portar no trabalho ou em diferentes eventos sociais. Faremos um apanhado global, buscando equilibrar a pessoa que você vê no espelho, seu eu verdadeiro, e aquela que anda na rua, trabalha, sai com os amigos e interage nas redes sociais.

O que costumamos ver sobre imagem é muitas vezes um conflito entre o que alguém quer transmitir e o que demonstra de verdade. Muita gente sai de casa bem vestido, elegante, com a roupa e acessórios da moda, pratica ioga e meditação, dizendo-se espiritualizado, mas não cumprimenta o porteiro, o pessoal da limpeza e não sabe se comunicar nem com seu gestor, muito menos com sua equipe. Suas atitudes não correspondem à sua essência.

> *Não* **adianta** *praticar ioga e não* **cumprimentar o porteiro.**

Não estamos condenando a sua vontade de seguir este ou aquele influenciador. Você pode e deve fazer isso. Porém, é importante estar munido de informação e conteúdo linguístico que possam proporcionar a você discernimento, opinião própria e uma forma de se comunicar clara, concisa e com menos gírias e maneirismos – respeitando, é claro, as particularidades regionais de cada estado brasileiro.

No mundo da imagem, quando você tem estrutura e essência, quando você é fiel a seu discurso e a quem você realmente é, não sobra espaço para julgamentos ou vitimizações. Principalmente no mundo de hoje, em que tudo o que é dito pode ser automaticamente curtido, comentado e compartilhado.

Você é uma constante vitrine de si mesmo – resta saber se você quer que a sua imagem seja exposta de maneira atraente ou desinteressante. Ser sempre um exemplo de quem você é para si mesmo e para os outros: esse é o grande desafio.

O primeiro passo para cumprir essa tarefa sem contradições é buscar estar bem consigo mesmo, transmitindo atitudes condizentes ao que você realmente é. Isso vai potencializar sua energia, sua capacidade, seus relacionamentos e seu network.

Quem sou eu de verdade? O que quero fazer neste mundo?

Convidamos você, leitor, a pensar em quem você realmente é, separando essa imagem daquela que você foi condicionada a ter por sua família, condição financeira, amigos e relacionamentos. Neste livro, não há certo ou errado, e sim algumas dicas de como responder à pergunta: Quem sou eu de verdade? O que quero fazer neste mundo?

Sabemos que nossos ciclos de amizade influenciam muito nossas atitudes. Mas, quando misturamos imagens cujos valores são totalmente opostos é que perdemos quem queremos ser de verdade.

Acabamos dizendo que gostamos de algo, mas não sustentamos isso em nossa personalidade, vestindo roupas e acessórios, fazendo comentários públicos e agindo de determinadas maneiras que não condizem com a nossa essência. Muitas vezes, acabamos nos condicionando porque queremos ser aceitos, por influência dos outros ou porque temos medo de perder algo.

Será que você, leitor...

- não está apenas reproduzindo o que seus colegas de trabalho dizem que é correto?
- fuma para fazer parte de um grupo?
- vai a eventos, museus e vernissages, quando queria mesmo ir ao cinema?
- está vestindo roupas da moda porque todo mundo veste?
- está aplicando seu dinheiro no que realmente gosta?
- prefere ir para um bom restaurante tomar um vinho, mas vai beber cerveja em botecos porque todo mundo vai?
- não está condicionado a seu grupo de amigos, por medo de ficar sozinho?
- escolheu sua carreira atual para ser aceito na sua família?
- está comendo o que faz bem para sua saúde de verdade?
- está em paz consigo mesmo?

Este capítulo é o seu botão vermelho de alerta. Nas próximas páginas, você vai receber dicas de coaching, de como se vestir e de como se portar de maneira correspondente à sua verdadeira imagem, sabendo o que realmente o faz feliz. Queremos que você chegue ao final deste livro:

- ▶ entendendo a importância de se comunicar de maneira mais clara e assertiva;

- ▶ mais atento às suas escolhas quanto ao vestuário, sem perder seu estilo próprio;

- ▶ administrando seu dinheiro e seu tempo de maneira inteligente;

- ▶ cuidando de você e de seu corpo corretamente, e se sentindo bem com isso;

- ▶ consciente da sua espiritualidade e dos pilares daquilo em que você acredita;

- ▶ com vontade de pesquisar, fazer cursos e ler mais para se aperfeiçoar;

- ▶ alinhando quem você é com o que você passa para os outros;

- ▶ refletindo sobre o seu "eu" verdadeiro, validando-o e, quem sabe, reinventando-se;

- ▶ zelando pelas relações interpessoais;

- ▶ alçando voos pessoais e profissionais de sucesso, sustentados por uma autoimagem positiva.

Nosso propósito é ajudá-lo – independentemente da carreira, classe social ou área em que atua – **a ser um pouco mais profissional, elegante** e **fiel à sua essência**, firme no propósito que o define **como uma pessoa única e incomparável** em todos os veículos e ambientes. **Você está pronto?**

QUAL É A IMAGEM PESSOAL IDEAL? COMO UMA EMPRESA, AS PESSOAS TAMBÉM PRECISAM CADA VEZ MAIS PENSAR NO QUE QUEREM COMUNICAR VISUALMENTE.

A MANEIRA COMO UM PROFISSIONAL SE APRESENTA É A SUA FORMA DE COMUNICAÇÃO VISUAL, SEJA USANDO UM BELO TERNO, SEJA MOSTRANDO O BRAÇO TATUADO PARA FORA DA CAMISA... MAS O QUE SE CONSIDERA IDEAL? TUDO DEPENDE DO REFERENCIAL!

DE FATO, A INFLUÊNCIA DA IMAGEM NA PROJEÇÃO DA CARREIRA PODE SER RELEVANTE. COM AS MÍDIAS SOCIAIS, ESTAMOS TODOS SUSCETÍVEIS A SERMOS AVALIADOS PELA IMAGEM QUE POSTAMOS. É NATURAL QUE UM PROFISSIONAL DE RH PESQUISE SEU PERFIL NO FACEBOOK E INSTAGRAM.

DE QUALQUER MANEIRA, A INTERPRETAÇÃO DA IMAGEM É SUBJETIVA. AS IMAGENS PODEM SER ANALISADAS A PARTIR DE MUITAS PERSPECTIVAS... PERSPECTIVA PESSOAL, ÉTICA, CULTURAL, ETC.

A SUA MELHOR REFERÊNCIA DEVE SER A SUA PRÓPRIA PERSONALIDADE!

palavra do profissional

A GERAÇÃO Y, TAMBÉM CONHECIDA COMO *MILLENNIAL*, AO SER INDAGADA SOBRE QUE TIPO DE PESSOA GOSTARIA DE SER, TEM UMA PRONTA RESPOSTA: "UMA PESSOA EQUILIBRADA ENTRE A VIDA PROFISSIONAL E PESSOAL". ELES BUSCAM ESSA REALIZAÇÃO DE ACORDO COM SEUS PRÓPRIOS PRINCÍPIOS.

OS JOVENS MODERNOS FUNCIONAM POR MEIO DE REDES INTERPESSOAIS, NAS QUAIS TODAS AS PEÇAS TÊM PRATICAMENTE A MESMA IMPORTÂNCIA. ESSA GERAÇÃO MUDOU A FORMA COMO NOS INTERAGIMOS.

TALVEZ AS RESPOSTAS QUE ESTAMOS BUSCANDO – QUAL É A IMAGEM IDEAL, COMO MINHA IMAGEM PODE INFLUENCIAR MINHA CARREIRA... – ESTEJAM NESSA MANEIRA MODERNA DE PENSAR DOS *MILLENNIALS*.

QUE TAL SER VOCÊ MESMO!? SEM DÚVIDA TEM ALGO MUITO ATRAENTE E INTERESSANTE ENTRE AQUELES QUE AGEM DE ACORDO COM O QUE PENSAM E TÊM PERSONALIDADE.

FLÁVIO GAZANI
ADVOGADO E EMPRESÁRIO, CEO DA LOFTY CONCEPT

2

Autoconhecimento: quem sou eu, de fato?

É perceptível a enorme dificuldade que todos temos de conhecer a nós mesmos, de olhar para dentro e vasculharmos cada cantinho do nosso ser e entender as emoções, os sonhos, os rancores, os ideais e os valores que nos habitam, considerando, sempre, que em nosso interior está a nossa história de vida, a nossa trajetória e que somos a representação viva disso.

Devemos compreender que nossas atitudes e nossa maneira de conduzir a vida carregam cicatrizes de alma, de cada passo dado, de cada conversa com as pessoas de nosso relacionamento. Cada familiar, amigo, professor, gestor e até possíveis desafetos deixam marcas em nós. Nossa personalidade, nosso jeito de enfrentar os desafios e nossa motivação (ou falta dela) são forjadas a cada dia que temos a dádiva de viver. Somos a consequência do nosso passado, embora tenhamos muitas oportunidades de mudar o futuro.

E assim acabamos valorizando tudo o que nos cerca e esquecemos de amar, respeitar e entender a pessoa mais próxima de nós: o nosso eu interior.

Como maiores algozes de nós mesmos, exigentes que somos e, ainda que não assumamos, com um compromisso selado com a perfeição, acabamos não aceitando as mazelas interiores e preferimos olhar para fora, contemplar o mundo com os olhos do mundo, perdendo a grande oportunidade de conhecer a nós mesmos e juntar as grandes "armas" que a experiência nos propicia para viver a vida de verdade, viver a nossa vida, com nosso jeito de ser.

Somos únicos. Exclusivos em nossas especialidades e particularidades. Mas teimamos em enaltecer o pouco que não sabemos, o pouco que não conhecemos, o pouco que não somos... Sim, o pouco, pois muito sabemos, muito acertamos, muito somos amados e aceitos. Mas valorizamos o erro. Vivemos em uma sociedade que valoriza o erro e cada um de nós contribui para que seja assim, com essa postura tão equivocada.

Pela vida mais acertamos que erramos, colhemos mais vitórias que fracassos. Tiramos mais nota 7 do que 2, mas, como exigimos o 10, acabamos por nos presentear com o 0.

Queremos sempre mais de nós mesmos e aceitamos placidamente o mais ou menos dos outros.
Será que acreditamos não merecer o melhor?
O melhor de si e o melhor dos outros?

*Na verdade, **somos uma incógnita.***

Quem somos nós? Qual o aprendizado que se acumula dentro de nós e que não demos registro ainda? Quantos amigos semeamos? Quantos amores conquistamos? Na escola, quantas lições aprendemos? E no trabalho? Na carreira? Na profissão? Que pessoa é essa que habita em nós?

Façamos uma viagem interior. Destinemos cinco minutos do nosso dia para celebrar o aprendizado, as conversas, os sorrisos e os desafios que a vida nos deu. Tomemos posse de nossas experiências e analisemos o que fazer com elas. Tiremos proveito de nós!

O autoconhecimento é um grande desafio, mas é a grande virada. Saber dos nossos sentimentos, saberes e convicções pode nos preparar para o presente e para o futuro. É o passado que nos dá essa possibilidade.

Estar ciente de nossos defeitos e qualidades nos faz enxergar quem somos. E somos, de verdade.

Não podemos viver por viver. Deixar correrem os dias e lamentar a chegada da segunda-feira. A vida começa em nós.

Exercitemos, trazendo para a consciência a pessoa que somos. Olhemos para dentro de nós sem medo, sem reservas, sem rancores. Façamos isso com a certeza de que acharemos virtudes, muitas virtudes.

Claro que o fundo do poço existe... Aquele lugar sombrio, onde escondemos os fatos que não queremos mais lembrar. É lá que escondemos medos, lembranças ruins, fracassos, amores não correspondidos, traumas, perdas, demissões, frustrações.

Sim, é difícil revirar esse "baú", mas tentemos compreender a importância dessas experiências. Será que não podemos transformá-las em válvulas propulsoras para a motivação, para as mudanças? Será que não conseguimos nos desafiar e reverter positivamente tais experiências dolorosas?

O autoconhecimento pode nos premiar com grandes surpresas. O simples fato de termos coragem de olhar para nós e de assumir esse ser que nos acompanha e que por anos a fio tentamos negar já é algo importante por si só.

A melhor sensação que podemos vivenciar é a aprovação de nós mesmos. Aprovar a pessoa que somos é assumir as rédeas da vida. É aceitar que há um espaço de mundo para habitarmos, que há sentimentos para serem vividos, lições a serem aprendidas e se dar conta de que muitas, mas muitas pessoas vão amar conviver conosco, pois estamos de verdade, pois somos de verdade.

Conhecer a nós mesmos nos desobriga de atuar, de manter uma imagem que não é nossa, de viver uma novela cujo personagem principal nós enterramos em um capítulo lá atrás. Conhecer a nós mesmos liberta a pessoa que somos e nos dá poder de simplesmente existir, assumindo nossas competências e fragilidades.

NESTA FRASE ESTÁ A MINHA DEIXA PARA A CONCLUSÃO DESSE CAPÍTULO: "CONHECER A NÓS MESMOS NOS DESOBRIGA DE ATUAR, DE MANTER UMA IMAGEM QUE NÃO É NOSSA, DE VIVER UMA NOVELA..." HÁ TANTO ENSINAMENTO E PROFUNDIDADE AQUI. E SE VOCÊ SOUBESSE QUE TUDO O QUE VOCÊ VÊ SÃO APENAS IMAGENS E TUDO O QUE FAZEMOS É ATUAR EM TORNO DELAS? QUE A VIDA É VERDADEIRAMENTE UM GRANDE CENÁRIO DE UMA HISTÓRIA DE FICÇÃO?

VOCÊ PODE SE IDENTIFICAR COM TODAS AS IMAGENS E CENAS, DANDO UM GRANDE SIGNIFICADO A TUDO ISSO E, COMO RESULTADO, VIVER EM SOFRIMENTO, OU SIMPLESMENTE CONTEMPLAR DE MANEIRA IMPESSOAL COMO QUEM ASSISTE À CENA DE UMA NOVELA, SENDO UM OBSERVADOR DA PRÓPRIA HISTÓRIA.

IMAGENS E CENAS NÃO TÊM SIGNIFICADO A NÃO SER AQUELE QUE VOCÊ DÁ A ELAS. E DE ONDE VÊM ESSAS IMAGENS QUE VOCÊ TEM DO MUNDO? ELAS

palavra do profissional

SÃO RESULTADO DAS PROJEÇÕES DA SUA MENTE BASEADAS NOS FILTROS DA SUA PERSONALIDADE. O QUE VOCÊ VÊ É REAL? NÃO, PORQUE AS IMAGENS SÃO RESULTADO DE UMA ESCOLHA, E NÃO DE UM FATO. ELAS SIMPLESMENTE ESTÃO LÁ PORQUE VOCÊ AS PROJETOU.

ISSO NOS TORNA PRISIONEIROS DAS IMAGENS QUE FAZEMOS DO MUNDO. VOCÊ CONSEGUE ABANDONAR UM CONCEITO, DEIXAR DE ACHAR ALGO BOM OU RUIM, BONITO OU FEIO? BOM OU MAU? NESSA DUALIDADE CONCEITUAMOS TUDO E PROJETAMOS NO MUNDO AS PERCEPÇÕES DE NOSSA CONSCIÊNCIA ENTORPECIDA PELOS CINCO SENTIDOS, COMO TAMBÉM PELO VALOR DEMASIADO QUE DAMOS ÀS SENSAÇÕES QUE ELES NOS TRAZEM.

E ASSIM É O MUNDO QUE VOCÊ VÊ, UMA PROJEÇÃO DA MANEIRA COMO VOCÊ PERCEBE A VIDA, QUE LHE PROPORCIONA QUANTA ALEGRIA VOCÊ JULGA TER DIREITO, MOSTRANDO MAIS BELEZA OU MAIS MAZELAS, DEPENDENDO DO SEU JULGAMENTO.

> AS IMAGENS SÃO UM ATRIBUTO DA NOSSA IMAGINAÇÃO E SÃO PERCEBIDAS PELOS NOSSOS CINCO SENTIDOS, QUE SÃO A NOSSA CONEXÃO COM O MUNDO EXTERNO. NO ENTANTO, FICAMOS TÃO SUBMETIDOS AO QUE SE PODE VER, SENTIR, TOCAR, OUVIR E CHEIRAR QUE NOS DESCONECTAMOS DO MUNDO INTERNO. O EXAGERADO SIGNIFICADO QUE DAMOS ÀS COISAS PERCEBIDAS PELOS SENTIDOS É A CAUSA DOS CONFLITOS E SOFRIMENTO. MAS NÃO PRECISA SER ASSIM. A MANEIRA COMO VOCÊ VÊ O MUNDO É REFLEXO DO SEU ESTADO MENTAL. QUANTO MAIS VOCÊ PROJETA IMAGENS PARA FORA, MAIS MEDO VOCÊ TERÁ DE OLHAR PARA DENTRO DE SI MESMO. SER CONTROLADO PELAS IMAGENS É NÃO SABER QUEM VOCÊ VERDADEIRAMENTE É. E NISSO O ESPELHO NÃO TE AJUDA NEM UM POUCO, PORQUE REPRESENTA A IMAGEM SABOTADORA QUE VOCÊ TEM DE SI MESMO.
>
> COMO FAZER ENTÃO SE VIVEMOS EM UM MUNDO PROJETADO POR MENTES CHEIAS DE CONCEITOS, CRENÇAS E JULGAMENTOS? PARE DE CONTEMPLAR E SUPERVALORIZAR IMAGENS!

palavra do profissional

QUAIS SÃO OS GANHOS QUE VOCÊ JÁ TEVE COM ISSO? USE AS IMAGENS COMO FERRAMENTAS DO SEU DIA A DIA, MAS NÃO DÊ GRANDE SIGNIFICADO A ELAS.

VIVA EM CONTEMPLAÇÃO. ESSA É A PROPOSTA DA MEDITAÇÃO, E O ESTADO MEDITATIVO SE ADQUIRE AO DEIXAR DE DAR SIGNIFICADO AO QUE OS OLHOS FÍSICOS ENXERGAM E VER ALÉM DELES. ISSO É O FIM DOS CONFLITOS. TRANSCENDER É NÃO DEPENDER DE NENHUMA DESSAS IMAGENS QUE AFLORAM NOSSOS EGOS E SENTIDOS PARA SER FELIZ. É CONTEMPLAR O MUNDO COM A ALMA E COM O CORAÇÃO.

ELAINE SILVEIRA
MESTRA EM CIÊNCIAS PELA UNIVERSIDADE DE SÃO PAULO (USP), INSTRUTORA DE IOGA PELO KUNDALINI RESEARCH INSTITUTE E PELAS FACULDADES METROPOLITANAS UNIDAS (FMU), FACILITADORA DE MEDITAÇÃO E PRÁTICAS DE ATENÇÃO PLENA.
WWW.UNICIDADE.ORG

3
Mapeando competências profissionais

Estamos, o tempo todo, sendo questionados e cobrados sobre nossas competências. Mas, afinal, o que é, de fato, competência profissional?

O psicólogo francês Zarifian (1999) descreve competência como: "tomar a iniciativa e assumir a responsabilidade diante das situações profissionais com as quais nos deparamos". Tal atitude teria como base entender uma determinada situação, saber aplicar conhecimentos adquiridos para solucioná-la e constantemente assimilar novos aprendizados, ao ter de lidar com novas situações.

Ter competência em âmbito profissional é ser capaz de enfrentar desafios propostos pela atividade a que nos dedicamos e tomar decisões acertadas e eficazes para solucioná-los.

Competência é a junção e/ou equilíbrio entre:

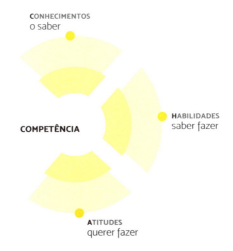

Vejamos, mais detalhadamente, o que vem a ser esses três elementos:

CONHECIMENTO é o saber, é tudo o que aprendemos na faculdade, nos livros e também no trabalho. É o conteúdo teórico, absorvido pela nossa capacidade cognitiva.

HABILIDADE é saber fazer. É colocar em prática o conhecimento. É o jeito como realizamos uma tarefa.

Já a **ATITUDE** está no âmbito da realização, da concretização, do fazer, ou melhor, do querer fazer. É a ação, propriamente dita. Diz respeito a colocar em prática nossas habilidades.

Podemos até pensar no quão simplória é a atitude, diante da relevância do conhecimento e da própria habilidade, porém, de nada adianta o conhecimento tácito, a habilidade do saber fazer, se não há a vontade de fazer.

É a atitude que faz com que a competência, de fato, exista. E pessoas de atitude podem ainda exercer a proatividade, que consiste em fazer antes mesmo que alguém peça, apenas percebendo a necessidade da ação.

Devemos caminhar com o propósito de realizar. Estudar, refletir, comparar, interpretar o mundo e conciliar o saber com o fazer. E fazer, realizar, com o firme propósito de imprimir sempre o melhor de si.

Hoje, já se agregam mais dois elementos aos conhecimentos, habilidades e atitudes:

Isso porque relacionar-se bem com as pessoas é fator decisório para contratações e demissões. Assim, **VALORES** e **EMOÇÃO** são fatores tão altamente cogitados que foram agregados ao **CHA**, que se tornou **CHAVE** (a chave para o sucesso).

A necessidade de vivermos em sociedade e, hoje, no mercado de trabalho, atuando em equipe, mostra-nos a urgência de nos relacionarmos melhor, para produzirmos com excelência e gerarmos resultados. Valores e emoção são condições humanas, geradas pela consciência do comportamento humano. E como precisamos humanizar, aproximar e tornar saudável o convívio em grupos diversos, diferentes e ricos em aprendizado!

Observamos que o mercado de trabalho solicita, de maneira mais expressiva, as seguintes competências:

- ▶ capacidade de realização;
- ▶ pensamento estratégico;
- ▶ criatividade e inovação;
- ▶ trabalho em equipe;
- ▶ gestão de pessoas;
- ▶ gestão de mudanças;
- ▶ compromisso com resultados;
- ▶ gestão de projetos;
- ▶ comunicação;
- ▶ liderança.

Para que desenvolvamos novas aptidões, faz-se necessário adotar uma postura de interesse, curiosidade e busca por novos conhecimentos. Vale pensar em:

- especialização (dominar uma área do conhecimento);
- saber e executar;
- postura de aprendizado contínuo;
- humildade;
- objetividade e clareza;
- atualização e aquisição permanente de novos conhecimentos.

Sendo assim, é emergencial que conheçamos nossas competências, por isso a sugestão de mapeá-las – o autoconhecimento (capítulo 2) nos ajuda muito nessa missão.

TÉCNICAS E EXERCÍCIOS

ANÁLISE SWOT

Podemos adotar uma metodologia muito interessante, que é utilizada para analisar os pontos fortes e fracos (vulneráveis) de uma instituição, de um produto e de um cenário, que é a análise SWOT.

SWOT é um acrônimo das palavras *Strengths*, *Weaknesses*, *Opportunities* e *Threats*, que, em português, corresponde à análise FOFA: forças, fraquezas, oportunidades e ameaças.

FORÇAS	FRAQUEZAS
OPORTUNIDADES	AMEAÇAS

Reflita sobre seus pontos fortes/forças: quais são as suas características mais elogiadas; quais são os valores que nem todos têm; qual é a sua experiência diferenciada; o que lhe ajuda a ser um excelente profissional, etc.

No âmbito das fraquezas, analise as tarefas que você não se sente confiante em realizar e que evita acrescentar à sua rotina; alguma característica pessoal que acredita que o atrapalhe; vícios de trabalho (atrasos, irritabilidade constante) que incomodam quem trabalha com você; o que lhe é desafiador, etc.

Agora, vamos pensar nas oportunidades (sim, elas existem!): Você frequenta eventos da área em que atua? Tem um bom networking? Conhece as novas tecnologias de sua área? Busca aplicar novas tendências ao seu trabalho? Acompanha as oportunidades de trabalho que possam surgir e as informações para se tornar um profissional melhor?

Com relação às ameaças, vamos analisar: o que, no mercado de trabalho, é desafiador; se há muitos concorrentes que atuam na mesma área que você; quais obstáculos você enfrenta hoje; qual tecnologia pode ameaçar o seu cargo, etc.

Ao término de uma análise SWOT / FOFA, já podemos enxergar com maior clareza quem somos profissionalmente.

A técnica deve ser aplicada com muita transparência e pode ser feita a cada seis meses, de modo a acompanhar a nossa evolução e as exigências de mercado.

Saber quais são as nossas competências nos fortalece. Conhecer nossos pontos fortes e nossa área vulnerável nos deixa confiantes e em alerta. Dessa forma, passamos a gerenciar nossa carreira, acompanhamos a evolução – ou involução – e tomamos atitudes pautadas em nossa verdade profissional.

RANQUEANDO COMPETÊNCIAS GERENCIAIS

Nossa proposta, neste momento, é que comecemos a mapear nossas competências da maneira mais consciente e transparente possível. Dessa forma, conseguiremos enxergar nosso perfil profissional e, caso detectemos a necessidade de adquirirmos uma determinada competência, poderemos traçar um plano para desenvolvê-la.

Para facilitar o mapeamento, a seguir faremos a descrição das competências[1] e seus significados correspondentes. Atribuiremos pontos para cada uma delas, de 0 a 10. Atribuir 10 pontos a uma competência X significará que temos pleno domínio dela, o que é absolutamente satisfatório. Se, eventualmente, com toda a honestidade, dermos 5 para determinada competência, teremos identificado então um *gap* (espaço entre o que somos no momento e o que é desejável), e iremos imediatamente traçar um plano para estimulá-la. Pode ser a leitura de um livro, um curso, uma conversa com um especialista no assunto ou até mesmo um coaching.

Vamos lá?

---

[1] Essa metologia foi originalmente apresentada na dissertação de mestrado de Vera Lucia Jordão, *Competências gerenciais para a organização do trabalho na sociedade pós-industrial: um estudo de caso*. São Paulo: Unifieo, 2004.

1. **Aceitação de riscos** (Leboyer *apud* Gramigna, 2002): correr riscos calculados, enfrentando as crises com coragem e com ação estratégica; adotar atitude experimental.

| AUTOANÁLISE | 1 | 2 | 3 | 4 | 5 | 6 | 7 | 8 | 9 | 10 |

PLANO DE MELHORIA:
_____
_____
_____

2. **Adaptabilidade** (Leboyer *apud* Gramigna, 2002): compreender e aceitar mudanças.

| AUTOANÁLISE | 1 | 2 | 3 | 4 | 5 | 6 | 7 | 8 | 9 | 10 |

PLANO DE MELHORIA:
_____
_____
_____

3. **Amplitude de interesses** (Leboyer *apud* Gramigna, 2002): envolver-se em assuntos diversos e variados.

| AUTOANÁLISE | 1 | 2 | 3 | 4 | 5 | 6 | 7 | 8 | 9 | 10 |

PLANO DE MELHORIA:
_____
_____
_____

4. Aprender depressa (McCauley *apud* Gramigna, 2002): dominar rapidamente novas técnicas.

| AUTOANÁLISE | 1 | 2 | 3 | 4 | 5 | 6 | 7 | 8 | 9 | 10 |

PLANO DE MELHORIA:

___

5. Autonomia (Hammer, 1997): direito de autoadministrar-se livremente dentro de uma organização; capacidade de autoconduzir-se.

| AUTOANÁLISE | 1 | 2 | 3 | 4 | 5 | 6 | 7 | 8 | 9 | 10 |

PLANO DE MELHORIA:

___

6. Capacidade de análise e síntese (Leboyer *apud* Gramigna, 2002): saber analisar as partes de um problema ou situação, estabelecendo correlações para formular diversas soluções e definir a relevância de cada um.

| AUTOANÁLISE | 1 | 2 | 3 | 4 | 5 | 6 | 7 | 8 | 9 | 10 |

PLANO DE MELHORIA:

7. **Capacidade de trabalho sob pressão** (Gramigna, 2002): ter capacidade para selecionar alternativas de forma perspicaz para implementar soluções tempestivas diante dos problemas identificados, considerando suas prováveis consequências.

AUTOANÁLISE	1	2	3	4	5	6	7	8	9	10

PLANO DE MELHORIA:
_____
_____
_____

8. **Capacidade empreendedora** (Gramigna, 2002): ter facilidade para identificar novas oportunidades de ação; propor e implementar soluções aos problemas e às necessidades que se apresentam, de forma assertiva, inovadora e adequada.

AUTOANÁLISE	1	2	3	4	5	6	7	8	9	10

PLANO DE MELHORIA:
_____
_____
_____

9. **Capacidade para resolução de problemas** (Leboyer *apud* Gramigna, 2002): identificar problemas, sintomas, causas; procurar alternativas para solução; tomar decisões oportunas, mesmo em condições adversas, apontando as consequências.

AUTOANÁLISE	1	2	3	4	5	6	7	8	9	10

PLANO DE MELHORIA:
_____
_____
_____

10. Compreensão do negócio (Nisembaum, 2000): entender como as funções do negócio se desenvolvem e se inter-relacionam; desenvolver análise objetiva dos ambientes internos e externos, gerando ações produtivas; tomar decisões que tenham impacto econômico nos negócios.

AUTOANÁLISE | 1 | 2 | 3 | 4 | 5 | 6 | 7 | 8 | 9 | 10

PLANO DE MELHORIA:

_____
_____
_____

11. Comunicação (Gramigna, 2002): desenvolver a capacidade de ouvir, processar e compreender o contexto da mensagem; expressar-se de diversas formas e argumentar com coerência, usando o feedback de forma adequada, para facilitar a interação entre as partes.

AUTOANÁLISE | 1 | 2 | 3 | 4 | 5 | 6 | 7 | 8 | 9 | 10

PLANO DE MELHORIA:

_____
_____
_____

12. Conhecimento de si próprio (McCauley *apud* Gramigna, 2002): ter a ideia exata de seus pontos fracos e fortes e estar disposto a investir em si mesmo.

AUTOANÁLISE | 1 | 2 | 3 | 4 | 5 | 6 | 7 | 8 | 9 | 10

PLANO DE MELHORIA:

_____
_____
_____

13. Conhecimento de sistemas de informação gerencial (Hammer, 1997): utilizar as informações relevantes para elevar a qualidade e a rapidez de respostas à contingência situacional.

AUTOANÁLISE	1	2	3	4	5	6	7	8	9	10

PLANO DE MELHORIA:

_____
_____
_____

14. Conhecimento técnico específico da área (Leboyer *apud* Gramigna, 2002): desempenhar com êxito as funções recomendadas; está relacionado com a capacidade de "fazer".

AUTOANÁLISE	1	2	3	4	5	6	7	8	9	10

PLANO DE MELHORIA:

_____
_____
_____

15. Criatividade (Gramigna, 2002): ter capacidade para conceber soluções inovadoras viáveis e adequadas para as situações apresentadas.

AUTOANÁLISE	1	2	3	4	5	6	7	8	9	10

PLANO DE MELHORIA:

_____
_____
_____

16. Cultura da qualidade (Gramigna, 2002): ter postura orientada para a busca contínua da satisfação das necessidades e para a superação das expectativas dos clientes internos e externos.

| AUTOANÁLISE | 1 | 2 | 3 | 4 | 5 | 6 | 7 | 8 | 9 | 10 |

PLANO DE MELHORIA:

_____
_____
_____

17. Dinamismo (Gramigna, 2002): ter capacidade para atuar de forma proativa diante de diversas situações.

| AUTOANÁLISE | 1 | 2 | 3 | 4 | 5 | 6 | 7 | 8 | 9 | 10 |

PLANO DE MELHORIA:

_____
_____
_____

18. Dar feedback positivo/negativo (Gramigna, 2002): revelar a sua percepção sobre como o comportamento do outro está afetando você mesmo, as outras pessoas, a equipe, o bom andamento dos trabalhos, a organização.

| AUTOANÁLISE | 1 | 2 | 3 | 4 | 5 | 6 | 7 | 8 | 9 | 10 |

PLANO DE MELHORIA:

_____
_____
_____

19. Energia (Leboyer *apud* Gramigna, 2002): dotar as ações de vida e movimentos; agir com muito entusiasmo, ardor, vivacidade, confiança e esperança.

| AUTOANÁLISE | 1 | 2 | 3 | 4 | 5 | 6 | 7 | 8 | 9 | 10 |

PLANO DE MELHORIA:
___
___
___

20. Ética (Leboyer *apud* Gramigna, 2002): respeitar valores sociais e organizacionais; agir de forma autêntica, com base em valores construtivos.

| AUTOANÁLISE | 1 | 2 | 3 | 4 | 5 | 6 | 7 | 8 | 9 | 10 |

PLANO DE MELHORIA:
___
___
___

21. Facilidade para estabelecer parcerias (Gramigna, 2002): ter habilidade para desenvolver uma rede, tanto interna quanto externa, que permita ampliar o conhecimento e as possibilidades.

| AUTOANÁLISE | 1 | 2 | 3 | 4 | 5 | 6 | 7 | 8 | 9 | 10 |

PLANO DE MELHORIA:
___
___
___

22. Flexibilidade (Gramigna, 2002): ter habilidade para adaptar-se oportunamente às diferentes exigências do meio e capacidade de rever sua postura diante de argumentações convincentes.

AUTOANÁLISE | 1 | 2 | 3 | 4 | 5 | 6 | 7 | 8 | 9 | 10

PLANO DE MELHORIA:

---

23. Formação de equipes (Spencer & Spencer *apud* De Miguel, 2002): cooperar com os demais membros da equipe; comprometer-se com as metas e objetivos da equipe; compreender e se esforçar para o bem da equipe, em vez de servir a seus próprios interesses.

AUTOANÁLISE | 1 | 2 | 3 | 4 | 5 | 6 | 7 | 8 | 9 | 10

PLANO DE MELHORIA:

---

24. Gestão de processos (Hammer, 1997): conhecer, participar e atuar na gestão dos principais processos da organização.

AUTOANÁLISE | 1 | 2 | 3 | 4 | 5 | 6 | 7 | 8 | 9 | 10

PLANO DE MELHORIA:

---

25. Habilidade na gestão de contingências (Nisembaum, 2000): saber atuar de acordo com as necessidades do momento.

AUTOANÁLISE	1	2	3	4	5	6	7	8	9	10

PLANO DE MELHORIA:

_____
_____
_____

26. Iniciativa (Leboyer *apud* Gramigna, 2002): tomar frente na realização de atividades e soluções de problemas; não esperar indicações – prontidão na ação.

AUTOANÁLISE	1	2	3	4	5	6	7	8	9	10

PLANO DE MELHORIA:

_____
_____
_____

27. Informática (De Miguel, 2002): conhecer e utilizar ferramentas eletrônicas de comunicação, processador de texto, planilha eletrônica, etc.

AUTOANÁLISE	1	2	3	4	5	6	7	8	9	10

PLANO DE MELHORIA:

_____
_____
_____

28. Inovação (Nisembaum, 2000): procurar novas formas de pensar/atuar perante os desafios e oportunidades que se apresentam.

| AUTOANÁLISE | 1 | 2 | 3 | 4 | 5 | 6 | 7 | 8 | 9 | 10 |

PLANO DE MELHORIA:

_____
_____
_____

29. Liderança (Gramigna, 2002): ter capacidade para catalisar os esforços grupais, a fim de atingir ou superar os objetivos organizacionais, estabelecendo um clima motivador, formando parcerias e estimulando o desenvolvimento da equipe.

| AUTOANÁLISE | 1 | 2 | 3 | 4 | 5 | 6 | 7 | 8 | 9 | 10 |

PLANO DE MELHORIA:

_____
_____
_____

30. Língua estrangeira: expressar-se oral e verbalmente na língua exigida pela organização.

| AUTOANÁLISE | 1 | 2 | 3 | 4 | 5 | 6 | 7 | 8 | 9 | 10 |

PLANO DE MELHORIA:

_____
_____
_____

31. Manter equilíbrio entre vida pessoal e profissional (McCauley *apud* Gramigna, 2002): estabelecer prioridades na vida profissional e pessoal de forma harmoniosa.

| AUTOANÁLISE | 1 | 2 | 3 | 4 | 5 | 6 | 7 | 8 | 9 | 10 |

PLANO DE MELHORIA:

_____
_____
_____

32. Motivação (Gramigna, 2002): capacidade de demonstrar interesse pelas atividades a serem executadas, tomando iniciativas e mantendo atitude de disponibilidade, e de apresentar postura de aceitação e tônus muscular, indicando energia para os trabalhos.

| AUTOANÁLISE | 1 | 2 | 3 | 4 | 5 | 6 | 7 | 8 | 9 | 10 |

PLANO DE MELHORIA:

_____
_____
_____

33. Negociação (Gramigna, 2002): capacidade de expressar e de ouvir o outro, buscando o equilíbrio de soluções satisfatórias nas propostas apresentadas pelas partes, quando há conflitos de interesse; capacidade de observar o sistema de troca que envolve o contexto.

| AUTOANÁLISE | 1 | 2 | 3 | 4 | 5 | 6 | 7 | 8 | 9 | 10 |

PLANO DE MELHORIA:

_____
_____
_____

34. Organização (Gramigna, 2002): capacidade de organizar as ações de acordo com o planejado, para facilitar a execução.

| AUTOANÁLISE | 1 | 2 | 3 | 4 | 5 | 6 | 7 | 8 | 9 | 10 |

PLANO DE MELHORIA:
___
___
___

35. Orientação para resultados (Drucker, 1967): alcançar e ultrapassar as metas, estabelecendo novas formas de alcançá-las.

| AUTOANÁLISE | 1 | 2 | 3 | 4 | 5 | 6 | 7 | 8 | 9 | 10 |

PLANO DE MELHORIA:
___
___
___

36. Planejamento (Gramigna, 2002): capacidade para planejar o trabalho, atingindo resultados por meio do estabelecimento de prioridades e metas tangíveis, mensuráveis e dentro de critérios de desempenho válidos.

| AUTOANÁLISE | 1 | 2 | 3 | 4 | 5 | 6 | 7 | 8 | 9 | 10 |

PLANO DE MELHORIA:
___
___
___

37. Proatividade (Gramigna, 2002): anteceder os problemas, identificando as soluções.

| AUTOANÁLISE | 1 | 2 | 3 | 4 | 5 | 6 | 7 | 8 | 9 | 10 |

PLANO DE MELHORIA:
_____
_____
_____

38. Relacionamento interpessoal (Gramigna, 2002): habilidade para interagir com as pessoas de forma empática, inclusive diante de situações conflitantes, demonstrando atitudes positivas, comportamentos maduros e não combativos.

| AUTOANÁLISE | 1 | 2 | 3 | 4 | 5 | 6 | 7 | 8 | 9 | 10 |

PLANO DE MELHORIA:
_____
_____
_____

39. Respeito aos objetivos organizacionais (Bouyegues *apud* Gramigna, 2002): focalizar a atenção nos objetivos-chave, buscando resultados efetivos.

| AUTOANÁLISE | 1 | 2 | 3 | 4 | 5 | 6 | 7 | 8 | 9 | 10 |

PLANO DE MELHORIA:
_____
_____
_____

40. Responsabilidade pela aprendizagem da equipe (Gramigna, 2002): contribuir de forma adequada na identificação de reciclagem necessária ao desenvolvimento da equipe, bem como promovendo o desenvolvimento de competências *on the job*.

AUTOANÁLISE	1	2	3	4	5	6	7	8	9	10

PLANO DE MELHORIA:

---

41. Saber ouvir (Spencer & Spencer *apud* De Miguel, 2002): desenvolver diálogos interativos com as pessoas: perguntar por mais detalhes sobre os assuntos, avaliar as mensagens e fornecer *feedback*.

AUTOANÁLISE	1	2	3	4	5	6	7	8	9	10

PLANO DE MELHORIA:

---

42. Tenacidade e persistência (Leboyer *apud* Gramigna, 2002): ater-se a um problema até que ele seja resolvido; manter uma posição ou plano de ação até que o objetivo desejado seja atingido.

AUTOANÁLISE	1	2	3	4	5	6	7	8	9	10

PLANO DE MELHORIA:

43. Tomada de decisão (Gramigna, 2002): capacidade para selecionar alternativas de forma sistematizada e perspicaz, obtendo e implementando soluções adequadas diante de problemas identificados, considerando limites e riscos.

| AUTOANÁLISE | 1 | 2 | 3 | 4 | 5 | 6 | 7 | 8 | 9 | 10 |

PLANO DE MELHORIA:
___
___
___

44. Tolerância ao estresse (Leboyer *apud* Gramigna, 2002): resistir às pressões, à fadiga, aos conflitos, etc.

| AUTOANÁLISE | 1 | 2 | 3 | 4 | 5 | 6 | 7 | 8 | 9 | 10 |

PLANO DE MELHORIA:
___
___
___

45. Usar da delegação de forma assertiva (Gramigna, 2002): delegar eficazmente, ampliar oportunidades e demonstrar justiça ante seus feitos.

| AUTOANÁLISE | 1 | 2 | 3 | 4 | 5 | 6 | 7 | 8 | 9 | 10 |

PLANO DE MELHORIA:
___
___
___

46. Visão sistêmica (Senge, 1990): capacidade para perceber a integração e interdependência das partes que compõem o todo, visualizando tendências e possíveis ações capazes de influenciar o futuro.

AUTOANÁLISE	1	2	3	4	5	6	7	8	9	10

PLANO DE MELHORIA:

_____
_____
_____

Agora sim, estamos prontos para tomar as rédeas de nossa carreira.

Conhecer a nós mesmos e saber quais são nossos pontos fortes, vulnerabilidades e competências nos coloca à frente desse mercado altamente competitivo e que busca profissionais seguros de si, comprometidos com sua melhoria constante e com objetivos a cumprir.

Mapear competências pode ser um exercício desafiador, mas está longe de ser um martírio. Enxergar quem somos profissionalmente nos traz segurança, equilíbrio e renova nossas convicções, além de, certamente, facilitar a caminhada rumo aos nossos objetivos.

"

A IMAGEM DE UM PROFISSIONAL NÃO É SOMENTE SUA APARÊNCIA VISUAL – ESTA PODE SER CAMUFLADA POR ROUPAS ADEQUADAS E POSTURAS ENSAIADAS, O QUE PODE, EM UM PRIMEIRO MOMENTO, ABRIR PORTAS DE EMPRESAS DE TODOS OS PORTES, ATÉ MESMO TRANSNACIONAIS. MAS, COM O PASSAR DO TEMPO, SURGE A PERGUNTA: O QUE ESSE COLABORADOR ESTÁ AGREGANDO DE VALOR ÀS NOSSAS *CORE COMPETENCES*?

PARA QUE ESSA SITUAÇÃO NÃO ACONTEÇA, AS EMPRESAS ESTÃO ADOTANDO A GESTÃO DE PESSOAS POR COMPETÊNCIA, QUE SUBSTITUI AS ANTIGAS PRÁTICAS, DESDE O RECRUTAMENTO ATÉ O DESENVOLVIMENTO DE CARREIRAS, PASSANDO PRINCIPALMENTE PELO PROCESSO

palavra do profissional

SELETIVO. CABE ENTÃO UMA RECONSTRUÇÃO DE NOSSA IMAGEM, ACRESCENTANDO O CONCEITO DE COMPETÊNCIA E PREENCHENDO SEUS GAPS PARA QUE OCORRA O NOSSO DESENVOLVIMENTO INDIVIDUAL, ALIADO À NOSSA IMAGEM.

VERA LUCIA JORDÃO
CONSULTORA GENERALISTA, MESTRA PELO CENTRO UNIVERSITÁRIO DA FUNDAÇÃO DE ENSINO PARA OSASCO (UNIFIEO), MINISTRA AULAS NA GRADUAÇÃO E PÓS-GRADUAÇÃO DOS CURSOS DE GESTÃO EMPRESARIAL E GESTÃO DE PESSOAS NA FACULDADE PENTÁGONO (FAPEN).

4

Soft skills:
habilidades humanas no âmbito corporativo

Depois de falarmos, no capítulo anterior, sobre o mapeamento de competências, acreditamos ser relevante voltar nossa atenção às recentes exigências destacadas pelo mercado de trabalho, que resultaram de mudanças sociais, econômicas e tecnológicas.

As mudanças do mundo atual, a avalanche de informações geradas a cada minuto e as novas necessidades observadas levam as empresas a buscar profissionais atualizados, flexíveis e adaptáveis às alterações impostas pelo contexto histórico, social, cultural e mercadológico. Assim, atualizar-se, ler e estudar, bem como ativar, nutrir e aproveitar sua rede de contatos, é essencial para obter realização profissional, sucesso, prestígio e reconhecimento.

Em outubro de 2020, o Fórum Econômico Mundial publicou o relatório The Future of Jobs, no qual foram apresentadas as habilidades recomendadas para o profissional do futuro, chamando ainda mais atenção para a adaptabilidade dos perfis.

O relatório destacou, causando uma certa estranheza em um mundo até então focado em conhecimentos técnicos, as soft skills. Sim! E elas passaram a protagonizar relatórios, artigos e programas voltados para a formação profissional.

Soft skills são habilidades comportamentais, ou seja, habilidades que sustentam e nutrem bons relacionamentos interpessoais, o que demonstra que o mercado quer, de fato, profissionais com habilidades que nenhum robô poderia ter.

O profissional do futuro (futuro projetado até 2025, segundo o relatório) precisa dominar habilidades socioemocionais com o objetivo não somente de obter melhores resultados de aprendizagem, mas também para melhorar resultados relacionados à sua vida, à sua saúde e ao seu bem-estar.

Nesse contexto, o que mais chama a atenção é que as características humanas estão sendo resgatadas, respeitadas e valorizadas. Humanizar-se, no âmbito do trabalho, já é uma necessidade. Chegou-se à conclusão de que relações humanas saudáveis geram resultados.

Partamos, então, para os princípios conceituais:

HARD SKILLS: habilidades técnicas, ou seja, tudo aquilo que pode ser validado por testes objetivos ou pela apresentação de certificados de conclusão. É tudo o que é possível aprender com livros, palestras, etc. (matemática, inglês, legislação, entre outros).

SOFT SKILLS: habilidades comportamentais sobre as quais os relacionamentos interpessoais estão apoiados. É a nossa capacidade de desenvolver relações positivas no âmbito do trabalho, influenciando construtivamente o ambiente (comunicação, empatia, flexibilidade, etc.).

O relatório publicado pelo Fórum Econômico Mundial apontou as quinze habilidades que serão mais desejadas até 2025. Entre elas, dez são habilidades comportamentais, ou seja, soft skills:

- RESOLUÇÃO DE PROBLEMAS
- PENSAMENTO CRÍTICO
- CRIATIVIDADE

- GESTÃO DE PESSOAS
- COORDENAÇÃO
- INTELIGÊNCIA EMOCIONAL
- TOMADA DE DECISÃO
- ORIENTAÇÃO PARA O SERVIR
- NEGOCIAÇÃO
- FLEXIBILIDADE COGNITIVA

Vale ressaltar que algumas delas já foram mencionadas no capítulo 3, "Mapeando competências profissionais", mas acreditamos ser necessário um capítulo destinado às soft skills, dada a relevância das relações e atitudes humanas nelas destacadas.

Soft skills

1. Resolução de problemas

Habilidade cujo desenvolvimento se dá quando nos concentramos nos pormenores, nos detalhes, para que nos guiem para uma tomada de decisão pautada na solução do problema.

2. Pensamento crítico

Habilidade relacionada ao bom uso da lógica e do raciocínio para identificar soluções de problemas, novas possibilidades e abordagens, de modo a permitir melhorias e soluções, além da análise de critérios e de elementos para se posicionar sobre algo. Vale lembrar que o pensamento crítico requer dedicação aos estudos e aprendizado gerado por experiências.

Criatividade
Habilidade que possibilita o aprimoramento de métodos já existentes, impulsionando, assim, os melhores resultados. A criatividade pode (e deve!) ser construída (sempre!), amparada por conhecimentos, muita persistência e vivências pessoais e profissionais.

 Gestão de pessoas
Habilidade para identificar talentos, desenvolver pessoas e motivá-las. Gerenciar pessoas não é apenas distribuir tarefas, delegar funções e cobrar resultados. Para tanto, é preciso ter características de líder.

 Coordenação
Habilidade ligada à colaboração e à facilitação do gerenciamento de processos. Diz respeito também a ser organizado e a não se perder em meio a diversas tarefas e prazos.

 Inteligência emocional
Habilidade que nos permite reconhecer e gerenciar nossas emoções. O indivíduo que tem inteligência emocional sabe direcionar sua sensibilidade, tem percepção aguçada e facilidade para criar relações positivas, gerando excelentes resultados.

 Tomada de decisão
Habilidade para mensurar as vantagens e as desvantagens de possíveis decisões, visando à solução de problemas. É preciso concentração e saber aproveitar os momentos de decisão para a administração de riscos.

 Orientação para o servir
Habilidade para ajudar os outros. É indispensável nos trabalhos em equipe, já que envolve ajuda mútua, o que possibilita a geração de excelentes resultados em um curto espaço de tempo.

 Negociação
Habilidade relacionada à capacidade de gerar alternativas, analisando satisfatoriamente os riscos envolvidos no processo. É, sem dúvidas, uma habilidade muito vantajosa no âmbito corporativo. Basta observar que negociamos o tempo todo nas relações interpessoais.

 Flexibilidade cognitiva
Habilidade de quem se disponibiliza a aprender e carrega um certo fascínio pelo conhecimento. É a busca incessante por aprender a aprender.

Sobre a soft skill número 10, destacamos outro termo bastante usual no mercado de trabalho atualmente: trata-se do *lifelong learning*, ou seja, "aprendizado ao longo da vida", em tradução livre. Os profissionais que adotam o aprendizado ativo e escolhem suas estratégias de aprendizagem buscam, o tempo todo, conhecimentos que estejam alinhados com a demanda de mercado. Isso reforça a necessidade de aprender e de ser multifuncional, o que solicita do profissional uma atualização ampla e constante.

As soft skills se tornaram objeto de estudo, discussão e curiosidade justamente porque resgatam a consciência humana e nos fazem lembrar o quanto as relações interpessoais estavam sendo deixadas de lado em detrimento de habilidades técnicas supervalorizadas.

Entretanto, cabe ressaltar que as soft skills não eliminam a necessidade de desenvolvimento das hard skills. Na verdade, elas se complementam e se potencializam quando há equilíbrio no desenvolvimento de ambas.

A diferença é que, para desenvolver as hard skills, estímulos externos são considerados. Aprendemos de fora para dentro. Alguém sempre pode nos ensinar.

Já as soft skills requerem um movimento interno, de autoconhecimento e validação de tais conceitos. É um processo que ocorre de dentro para fora. Podemos até ser estimulados, mas, se não acreditarmos e não nos movermos, as habilidades comportamentais não vão se desenvolver. Dificilmente alguém ensina o outro a ser empático... Pode até ser motivo de inspiração, mas acaba por aí.

O importante é ter em mente que as soft skills são reflexo de um desenvolvimento contínuo e sempre sujeito a aperfeiçoamento. Vale a pena buscar, fortalecer e reconhecer as capacidades de acordo com o autoconhecimento e as exigências do mundo corporativo atual.

Hoje, para termos sucesso, é imprescindível somarmos nossa bagagem intelectual (hard skills) ao nosso amadurecimento emocional (soft skills), pois somente assim seremos protagonistas de nossas vidas profissionais.

E que seu protagonismo leve você até onde você quiser, pois o sucesso é a meta, e o comprometimento é o caminho.

"

UM NOVO TEMPO COMEÇOU, E RESGATAR AS HABILIDADES HUMANAS SE TORNOU IMPRESCINDÍVEL. ENGANA-SE QUEM ACREDITA QUE AS CHAMADAS SOFT SKILLS SÃO DESENVOLVIDAS NO INÍCIO DA CARREIRA. O PROCESSO DE DESENVOLVIMENTO DA ALTA PERFORMANCE NÃO SE INICIA NO AMBIENTE CORPORATIVO, MAS SIM NA ESTRUTURA FAMILIAR, DE MODO QUE NÃO HÁ COMO ATINGIR O SUCESSO PROFISSIONAL SEM RECEBER OS ESTÍMULOS CERTOS AO LONGO DA VIDA, ATRAVÉS DE UMA EDUCAÇÃO INTENCIONAL QUE PRIORIZE O DESENVOLVIMENTO E O FORTALECIMENTO EMOCIONAL DO SER. PARTINDO DO PRINCÍPIO QUE ESSE DESENVOLVIMENTO OCORRE DE DENTRO PARA FORA, AS CRENÇAS E VALORES DO INDIVÍDUO MOTIVAM SEU COMPORTAMENTO.

É PRECISO COMPREENDER QUE O *LIFELONG LEARNING* SE FAZ NECESSÁRIO NO PROCESSO EDUCACIONAL, OU SEJA, PAIS E RESPONSÁVEIS DEVEM SE COMPROMETER A APRENDER CADA VEZ MAIS SOBRE AUTOCONHECIMENTO E DESENVOLVIMENTO HUMANO PARA EDUCAR, UMA VEZ QUE AS SOFT SKILLS SÃO APRESENTADAS E COMEÇAM A SER DESENVOLVIDAS NA PRIMEIRA INFÂNCIA. NÃO PODEMOS NOS ESQUECER QUE A CRIANÇA DE HOJE SERÁ O PROFISSIONAL DE AMANHÃ – COM ALTA PERFORMANCE E INTELIGÊNCIA EMOCIONAL OU TOTALMENTE DESPROVIDO DELAS.

palavra do profissional

HABILIDADES COMO CRIATIVIDADE, NEGOCIAÇÃO, LIDERANÇA, CAPACIDADE DE SERVIR, ORGANIZAÇÃO, ENTRE OUTRAS, SÃO NATURAIS DE ALGUNS PERFIS COMPORTAMENTAIS (TEORIA DISC), MAS, QUANDO NÃO SE TEM CONHECIMENTO SOBRE ELAS, MUITAS VEZES ESSAS HABILIDADES SÃO REPRIMIDAS JÁ NA INFÂNCIA, AO INVÉS DE SEREM ESTIMULADAS EM SITUAÇÕES E VELOCIDADE CORRETAS, GERANDO CRENÇAS LIMITANTES E COMPORTAMENTOS DISFUNCIONAIS QUE VÃO AFETAR A FUTURA TRAJETÓRIA PROFISSIONAL. UMA SOFT SKILL NÃO DESENVOLVIDA AO LONGO DA VIDA RESULTA EM PROFISSIONAIS INSEGUROS E DE BAIXA AUTOESTIMA, SEM POSICIONAMENTO E INTELIGÊNCIA EMOCIONAL – O CONTRÁRIO DO QUE O MERCADO VEM EXIGINDO.

QUER TER SUCESSO PROFISSIONAL E PESSOAL? INVISTA PRIMEIRO NA SUA FAMÍLIA, QUE É A SUA BASE, E ALINHE SUAS HARD SKILLS EM SEU PROCESSO DE AUTOCONHECIMENTO. BOA SORTE!

DANIELA MUNIZ
ADMINISTRADORA DE EMPRESAS, ATUOU POR MAIS DE VINTE ANOS NO MERCADO CORPORATIVO E É HOJE ANALISTA DE PERFIL COMPORTAMENTAL. MASTER COACH, ESPECIALISTA EM PERFORMANCE FAMILIAR E MENTORA DEDICADA AO DESENVOLVIMENTO HUMANO E ORGANIZACIONAL DE FORMA SISTÊMICA.

5

Plano de carreira:
coaching, trajetória e foco

Pare tudo o que estiver fazendo: agora, presenteie-se com alguns minutos para refletir sobre si mesmo e retomar essas questões-chave: eu caminho para onde? Quais são meus planos de curto, médio e longo prazos? O que eu quero profissionalmente? Profissão, cargo, salário, reconhecimento? Não omita nenhum detalhe. Seja sincero e dispa-se de limites. Trazer à consciência sua real situação profissional é essencial para darmos os próximos passos.

CARREIRA é a nossa trajetória profissional, nosso aprendizado, conquistas e experiências. Devemos, de fato, considerar tudo o que realizamos: contratos temporários, freelance, consultoria, formação e treinamento, estudos complementares e autodidatas, viagens e/ou experiências no exterior, trabalho voluntário, atuação política e, inclusive, interesses culturais e hobbies.

Nossa bagagem profissional costuma ser muito maior do que consideramos. Há detalhes que fazem a diferença, como aquele curso de oito horas que abriu nossa mente para a necessidade de exercer a liderança, ou um livro que equilibrou nossa autoestima. Consideremos tudo...

Já o **PLANO DE CARREIRA** é o passo a passo, a caminhada que devemos trilhar para atingirmos um objetivo profissional que propomos a nós mesmos.

Ele precisa ser específico, mensurável, alcançável, relevante e deve-se considerar o tempo necessário para a realização das etapas (curto, médio e longo prazo). Do contrário, fica inconsistente, complexo e inatingível, ou seja, desestimulador.

O plano de carreira precisa de elementos que o sustentem: autoconhecimento, objetivos, motivação, necessidades, planejamento e marketing pessoal.

O ponto de partida para um plano de carreira de sucesso é, indiscutivelmente, o objetivo, o propósito, a meta. A partir daí, conseguimos construir uma estratégia adequada, viável e inteligente para realizá-lo.

Quando nos falta objetivo, nos sentimos sem rumo, temos a sensação de falta de controle, de insegurança quanto ao futuro, com tendência a deixar as coisas acontecerem e com a sensação de que o tempo escapou de nossas mãos.

Traçar um objetivo nos traz clareza quanto às prioridades, senso de direção, perspectiva de futuro e um verdadeiro aproveitamento de nossas experiências.

É preciso encararmos a gestão de carreira como um projeto sempre novo e estimulante. Para isso, temos de dedicar tempo (e muito!) para planejá-la. Precisamos estar atentos às oportunidades que o mercado de trabalho nos oferece, sempre mantendo o olhar para o futuro, porém, sem nos esquecermos das vivências do passado.

Carreira tem de ser gerenciada – e por nós! Ninguém mais tem esse poder, essa missão. Por isso vale a pena dedicar tempo e esforços para desenhar o plano de carreira.

Vamos começar fazendo uma análise de como gerenciamos nossa carreira até o momento. Se gerenciamos mesmo ou se deixamos acontecer, sem nossa intervenção e controle, nunca é cedo ou tarde demais para fazer nosso plano de carreira.

PLANO DE CARREIRA NA PRÁTICA

ANÁLISE DA SITUAÇÃO ATUAL

- Só quem se conhece bem consegue alcançar o sucesso.
- Certifique-se de que considera todos os aspectos de sua carreira.
- Observe o passado para planejar o futuro.

POR QUE QUEREMOS MUDAR?

- Momento de instabilidade e crise.
- Fase de escolha profissional.
- Necessidade de tomar uma decisão.
- Recuperação de um período difícil.
- Anseio de mudanças em longo prazo.
- Desejo de melhores perspectivas.
- Busca de uma realidade diferente.
- Encerramento de um ciclo.
- Sensação de falta de rumo.
- Desejo de assumir mais controle sobre outros aspectos da vida.

COMO E PARA ONDE QUEREMOS IR?

Assumamos o compromisso de atingir satisfação total.
É preciso sermos inquietos e questionadores.

- Para qual direção gostaria de conduzir minha vida?
- Tenho um destino profissional bastante claro em mente?

- No meu cotidiano, como vou reservar tempo para apreciar a evolução da minha carreira?

- Que recursos essenciais me faltam?

- Na etapa atual, quais medidas eu deveria tomar?

É preciso investir mais tempo na construção da carreira, para que possamos atingir metas – que devem ser ambiciosas.

BANCO DE DADOS

Outro aspecto importante é a administração de nosso **BANCO DE DADOS**. Sim, isso mesmo, nosso banco de dados, pois se há história pessoal e profissional, há o que contar, o que valorizar e o que mudar. Puxemos da memória e registremos nossa trajetória.

- Reúna informações, sugestões e propostas para sua trajetória profissional.

- Atente-se aos anúncios de empregos, matérias de publicações especializadas e programas de cursos e treinamentos que podem interessar no futuro.

- Observe quais perfis profissionais estão sendo solicitados.

- Use esse material para planejar sua carreira ou como fonte de pesquisa para, por exemplo, candidatar-se a uma vaga.

De posse das nossas informações e com clareza do objetivo a ser seguido e do prazo que estabelecemos para ele, vamos dar registro de nossos pontos positivos e daqueles que precisamos melhorar. De novo, veja a importância do autoconhecimento!

- Pergunte aos colegas e amigos sobre seus pontos favoráveis.

- Tente saber que imagem as pessoas têm de você.

- Faça sua lista de atributos.

RECONHECENDO NOSSAS QUALIDADES

Exercitemos o autoconhecimento de maneira leve e descontraída: vamos grifar os atributos da listagem a seguir com os quais nos identifiquemos e anotar outros, que por ventura não estejam elencados.

Observe que, muitas vezes, não nominamos nossos atributos ou temos receio de mencioná-los e sermos taxados de esnobes. Lembre-se: trata-se de um exercício de autoconhecimento. A partir de nossas descobertas e afirmações, podemos falar de maneira mais leve do nosso lado positivo.

- ARTICULADO
- ACESSÍVEL
- LEAL
- CALMO
- CAPAZ DE CUMPRIR PRAZOS
- ANIMADO
- LÍDER
- METÓDICO
- BEM-HUMORADO
- CAPAZ DE TRABALHAR SOZINHO
- CAPAZ DE TRABALHAR EM EQUIPE
- CAUTELOSO
- PROATIVO
- ATENTO
- SENSÍVEL
- COERENTE
- VERSÁTIL
- VERDADEIRO
- PONTUAL
- COMPETENTE
- DETERMINADO
- PERSPICAZ
- PREPARADO
- QUESTIONADOR
- RESPONSÁVEL
- CONFIÁVEL
- ENVOLVIDO

- PRESTATIVO
- POSITIVO
- ORGANIZADO
- APRENDIZADO RÁPIDO
- DINÂMICO
- PACIENTE
- COMPROMETIDO
- DEDICADO
- OTIMISTA
- CORTÊS
- EDUCADO
- CONCENTRADO
- CONFIANTE
- HABILIDOSO
- FIRME
- INOVADOR
- CRIATIVO
- ESTÁVEL
- RESPONSÁVEL
- ÉTICO
- GENEROSO
- CONECTADO
- CURIOSO
- CULTO
- ADAPTÁVEL
- FLEXÍVEL
- AUTÊNTICO

CURRÍCULO

Outro item bastante preocupante quando se objetiva uma carreira mais dinâmica e, paralelamente, o reconhecimento profissional e o sucesso é o currículo.

Nele relatamos nossa história profissional, nossas experiências, aprendizados e conquistas. Ele deve estar sempre atualizado e acessível, além de:

- ser claro, objetivo e verdadeiro;
- causar boa impressão;

- dar ênfase às suas competências;
- ser atualizado constantemente;
- ser entregue em um bom papel – caso seja impresso;
- não apresentar erros gramaticais.

REDE DE RELACIONAMENTOS

Outro ponto de destaque é a nossa **rede de relacionamentos**. Sabemos que o mercado de trabalho preenche muitas vagas com indicações de funcionários, o que muito nos aborrece. Porém, temos de adotar uma postura mais inteligente e buscar entender tal hábito desse mercado. É muito mais barata e acertada a contratação de um funcionário que tenha sido indicado por alguém do relacionamento da empresa ou por funcionários dela. Vejamos: não há gastos de recursos financeiros e de tempo, e a empresa recebe um candidato que já foi pré-selecionado por aquele que o indicou e que não quer perder a credibilidade junto ao seu empregador indicando alguém que não tem aderência àquela empresa. Assim, por mais que torçamos o nariz para a prática do Q.I. (quem indicou?), trata-se de uma tendência que vai permanecer e se fortalecer.

Em lugar de reclamarmos, vamos avivar nossa rede de contatos, fazendo registro das pessoas que conhecemos e estreitando esse relacionamento. De nada adianta não falarmos com uma pessoa por anos e, de uma hora para outra, ligarmos para pedir o favor da indicação para uma vaga de emprego. Muita falta de bom senso.

Nossa rede de contatos deve ser registrada (devemos anotar nomes, fazer listas), nutrida (estabelecer vínculos) e direcionada (de acordo com as áreas em que nossos contatos atuam e a possibilidade que têm de nos indicar para uma colocação profissional), para que possamos fazer um melhor uso dela.

Agora, nosso compromisso é com o crescimento. Vamos guardar registros sobre nossa trajetória profissional, para que sintamos que o crescimento existe – o que muito nos estimula.

Também é importante para a nossa evolução sabermos fazer autocrítica positiva e reconhecer nossas conquistas, nosso sucesso.

"PENSÁRIO"

Sugerimos aqui um hábito interessante para alavancar nossa carreira, que é termos um "pensário" (caderno de anotações). Devemos estabelecer uma data fixa para pensar e avaliar nossa carreira. Podemos aproveitar para incluir metas desafiadoras e novas para nosso plano de carreira. Também aproveitamos para avaliar as conquistas e dificuldades que tivemos e identificarmos sucessos e frustrações.

É importante também reavaliarmos nossas metas. Queremos continuar, modificar, intensificar ou mudar o trajeto? A estratégia também deve ser cuidadosamente pensada, de modo a construir um caminho, e revisitada, pois pode (e, às vezes, deve) ser alterada.

A necessidade de se ter uma visão estratégica do mercado de trabalho em que atuamos nos auxilia no plano de carreira, pois é justamente essa visão que nos dará elementos para seguir, mudar ou desacelerar o plano de carreira.

Temos de ser o melhor naquilo que fazemos e, para tanto, a mudança, os estudos, a melhoria contínua devem ser nosso compromisso. As empresas não têm obrigação de cuidar de nossa carreira. Esse é um papel que nos cabe.

Aliás, é uma infeliz constatação observar a falta de zelo com que os profissionais tratam a sua própria carreira. É importante lembrar que carreira é movimento, crescimento, conquistas, promoções, aumento de salário… negligenciá-la pode acarretar frustrações difíceis de serem absorvidas.

A prática do pensário nos ajudará a confirmar nossos propósitos ou mudá-los. E, ainda, possibilitará que tenhamos uma visão real do presente, detectando a necessidade de aprender mais e melhor, por exemplo.

Muitas são as maneiras de aprender e de se autodesenvolver:

- leitura;
- orientação;
- troca de tarefas;
- acompanhamento;
- estudo;
- grupo de estudo;
- coaching.

Ler e estudar são nossos combustíveis eternos. Não é possível evoluir pessoal e profissionalmente se não acompanharmos as mudanças do mundo, as novas possibilidades, as novas oportunidades, os novos modelos de gestão, de comportamento social, etc. Observar e interpretar o mundo também é uma competente (e deliciosa) forma de crescimento, de mudanças e de melhoria.

Quebrar paradigmas e mudar crenças são consequência de leituras, estudos e interpretação de mundo. Invariavelmente, o conhecimento traz reflexões, que naturalmente podem (e devem!!!) gerar mudança. E mudança gera crescimento. Acreditemos!

Para muitos de nós, passar por um coaching pode ser uma boa opção.

COACHING

COACHING: essa é uma palavra que virou moda nos últimos tempos. Todo mundo quer fazer coaching de carreira, de vida pessoal e de relacionamentos. Por um lado, isso demonstra que muitos estão preocupados com sua imagem e com seus objetivos de vida. Por outro, vemos diversas instituições oferecendo cursos de dois dias para se formar nessa área. O resultado disso é um *boom* de antiprofissionalismo.

O coaching propriamente dito é um processo que nos auxilia a realizar metas e aumentar resultados pessoais, profissionais, de times ou empresas, de maneira efetiva e contínua. Trata-se de um método que utiliza ferramentas que nos tiram da zona de conforto e nos estimula a adotar atitudes que possibilitem a realização de nossas metas.

Durante o processo, podemos identificar problemas, obstáculos, bloqueios pessoais e profissionais e superá-los. Deixamos para trás a ansiedade e as crenças limitantes, aprendemos a gerenciar o estresse e, de fato, potencializar habilidades, de modo a acelerar nossas conquistas.

Nos primeiros capítulos deste livro, falamos de imagem e da importância de descobrir quem somos, de fato. O coaching pode sem dúvida ajudar você a reconhecer suas competências e a descobrir quem você realmente é, mas é preciso buscar profissionais ou equipes realmente qualificadas, indicadas preferencialmente por amigos, por pessoas em quem você confie ou por colegas de trabalho.

É importante também procurar um coaching que nós chamamos de triangular, ou seja, aquele que consiga alinhar seus objetivos profissionais com suas metas, para manter a saúde e o ego equilibrados. Para cada um deles, existe um tipo de profissional diferente, e é a combinação deles que vai aproximar você cada vez mais do objetivo principal de encontrar e gerir a sua imagem.

COACHING PROFISSIONAL

Com ele, você consegue trazer à tona as suas questões profissionais, as suas metas, o que você realmente quer para sua carreira, qual a sua dimensão de crescimento dentro do emprego atual e traçar, por fim, um planejamento alinhado com fatores pessoais que você discutirá em confidencialidade com seu coach.

HEALTH COACHING OU COACHING DE SAÚDE

Fórmulas mágicas encontradas no mundo digital podem muitas vezes prejudicar em vez de ajudar você a atingir seus objetivos. Nessa modalidade de coaching, os profissionais trabalham com exames laboratoriais específicos, capazes de direcionar quais exercícios são mais adequados para o seu biotipo (musculação, ioga, *crossfit*, esportes), em combinação com uma alimentação adequada.

COACHING TERAPÊUTICO

Com ele, você vai trabalhar questões subconscientes ou crenças limitantes que possam estar impedindo-o de atingir seus objetivos. Busque práticas com as quais você se identifique (terapia freudiana, reiki, meditação, ThetaHealing) e um profissional que lhe traga conforto e segurança para esse processo. Não adianta buscar a prática da moda – lembre-se do primeiro capítulo deste livro. Escolha o que realmente lhe interessa e que esteja alinhado à sua essência.

Um coaching bem-feito nessa triangulação, com profissionais competentes, é capaz de equilibrar nosso ego, fazendo com que ele trabalhe a nosso favor, e não contra nós. Um ego desequilibrado faz com que tenhamos atitudes fora de nosso eixo e dos nossos verdadeiros objetivos, quando, na verdade, ele deveria ser uma potência para alinhar foco e trajetória.

Nas sessões de ThetaHealing, o paciente pode trazer questões de ordem física, emocional, mental, energética e espiritual. Por exemplo: ressentimentos, traumas, medos, bloqueios, vícios, compulsões, questões financeiras, questões de relacionamento, questões de obesidade, insegurança, doenças, dores ou qualquer bloqueio que queira mudar em sua vida. Com a permissão do paciente, o terapeuta acessa uma determinada

frequência de ondas cerebrais (theta) capaz de retirar os bloqueios e as crenças limitadoras de seu sistema, substituindo-os por programas potencializadores que geram consciência e uma nova realidade. A cada sessão, o cliente aproxima-se dos seus verdadeiros objetivos de vida e de quem ele realmente é por essência.

Thiago Fonseca, coach terapêutico

Caso tenhamos despertado em você o interesse pelo coaching, mas no momento seja inviável realizá-lo, comece, você mesmo, a refletir sobre os pontos que um coach profissional atingiria.

O processo sempre começa com o elemento mais instigador e mais próximo de nós, que é o autoconhecimento.

Questione-se sobre quem é você, suas crenças, sua relação com a própria existência. Pergunte-se sobre quais são suas principais características de personalidade. Positive tudo o que for, sob o seu ponto de vista, favorável para suas conquistas pessoais e profissionais.

Observe o que faz os seus olhos brilharem, o que o impulsiona e o que o desafia.

É importante validar-se, acolher-se e interpretar as próprias ações como resultado de suas reflexões, vivências e oportunidades.

Reflita sobre as suas conquistas, tão maiores e melhores em número que suas frustrações.

Mergulhe, sem reservas, em um inovador processo de "autocoaching".

Nós, *daqui,* **acreditamos e aplaudiremos o seu sucesso!**

EXERCÍCIOS PARA INICIAR UM TRABALHO DE COACHING

Separamos alguns exercícios e dicas que podem ajudar você a iniciar o processo de autodescobrimento a partir das técnicas do coaching, seja por meio de um profissional remunerado, seja por conta própria. Pegue um lápis e um papel, e vamos começar!

REFLITA SOBRE OS SEGUINTES QUESTIONAMENTOS...

- No que você acredita sobre a vida? Como você definiria a vida, de uma maneira geral?
- No que você acredita sobre si mesmo? Quem você é ou acha que é? Defina a sua personalidade.
- Quais são suas habilidades? Como você quer ser reconhecido?
- Quais são suas paixões?
- Qual é a sua vantagem competitiva? Por que você merece ser escolhido por outra pessoa ou oportunidade?
- Quais são suas forças e fraquezas?
- Quais são as oportunidades e ameaças que existem para você?
- Qual é o seu objetivo de vida? Defina metas realistas, qualificáveis e adaptáveis mediante imprevistos, e defina prazos para cada uma delas.
- Com qual público você quer se comunicar?
- O que você quer conquistar? Liste assuntos pelos quais você quer ser reconhecido, quais temas você já conhece e quais quer conhecer.

- O que é realmente importante para você na vida? Do que você realmente precisa?
- Qual é o seu maior sonho? Quais são seus sonhos de vida?
- O que o impede de realizá-los?
- Conquistar o que você quer depende de quem?
- O que está custando para você não ter isso hoje?
- O que irá lhe custar no futuro se não tiver isso?
- O que você está fazendo agora para se mover em direção a seus sonhos?
- Qual o seu nível de comprometimento atual?

21 dicas para melhorar sua imagem pessoal

Cause sempre uma boa impressão

Algumas situações pedem trajes mais informais, outras, mais sociais e/ou elegantes. Saiba pesar, buscando informações com profissionais da área ou até mesmo com o próprio anfitrião, no caso de evento social.

Seja coerente

Não adianta querer passar uma imagem sociável e não cumprimentar o faxineiro e a moça do café.

Escute as oportunidades ao seu redor
Esteja atento às conversas que acontecem em momentos de descontração, como durante um café, uma reunião, um almoço, ou outras ocasiões sociais, como eventos, palestras, coffee break, etc. Ali pode estar uma oportunidade de negócio ou de network.

 Seja você mesmo no ambiente em que estiver
Seja fiel ao que você realmente é, não se contradiga.

 Pontualidade
Seja pontual em escritórios que pedem horário de entrada e saída. Em profissões flexíveis, entregue suas demandas na data e prazo combinados. Isso o fortalecerá cada vez mais como um bom profissional.

 Estabeleça valores consistentes
Estabeleça metas pessoais, valores que sejam importantes para você e que possam destacá-lo como profissional ou até mesmo nos seus relacionamentos. Ex.: lealdade, fidelidade, etc.

 Seja transparente
Seja honesto no que você se propuser ou executar. Negocie demandas, prazos e mantenha-se fiel ao acordado. Em caso de mudança, comunique e renegocie.

 Crie e siga um propósito
Assumiu, entregue 100%. Seja fiel ao que você acredita, sem prejudicar suas relações.

 Destaque os pontos positivos de sua imagem pessoal
Dê o melhor de si em todas as ocasiões.

 Busque sinergia
Busque trabalho de equipe, conexão com as pessoas, faça um planejamento, saiba exercer a gentileza, deixe o ambiente positivo a seu favor.

 Transmita mensagens claras
Explique de forma correta e tenha paciência em fazê-lo quantas vezes forem necessárias.

Tenha uma visão em médio e longo prazos
Faça um planejamento conforme suas habilidades profissionais ou pessoais e procure segui-lo, na medida do possível.

 Defina seus objetivos
Anote-os e deixe-os sempre por perto. Consulte sempre que necessário. Coloque-os diante dos seus olhos.

 Seja flexível
Negocie prazos dentro do seu planejamento, mas saiba estabelecer limites.

 Ofereça serviços de qualidade
Dê o melhor de si em todos os aspectos e assuma seus próprios erros.

 Lembre-se das suas experiências passadas
Elas podem servir como reflexão para que você melhore em todos os aspectos, sendo erros ou acertos.

 Utilize as redes sociais com constância e discernimento
Marque sua presença, mas de maneira moderada e condizente com a imagem que você quer para si. Pense nas pessoas que vão visualizar seus posts, curtidas e compartilhamentos. Seja estratégico.

 Crie relacionamento com outras pessoas
Converse. Assuntos banais podem virar grandes negócios. Networking é o futuro de todas as relações pessoais e de trabalho para os próximos anos (*vide capítulo 6*).

 Demonstre seu talento
Seja fiel ao que você tem de melhor. Execute o que você sabe fazer com brilhantismo.

Peça feedback
Ouça elogios e críticas. Analise e procure pesar objetivamente o que realmente necessita de mudança.

 Contribua com causas sociais
Planeje, dentro do seu tempo e da sua disposição, a melhor forma de caridade. Importante: essa prática aparece naturalmente, não precisa de propaganda. Por isso é importante buscar uma constância e uma causa que permita você ser quem realmente é.

O COACHING, COMO MUITAS VEZES TEM SIDO (INFELIZMENTE) VENDIDO – ESPECIALMENTE NAS REDES SOCIAIS –, PODE PARECER ALGO MÁGICO E MILAGROSO. SABEMOS, OBVIAMENTE, QUE NÃO É BEM ASSIM. PELO CONTRÁRIO, NUM PROCESSO DE COACHING NADA ACONTECE, NENHUM RESULTADO É ALCANÇADO SEM MUITO ESFORÇO E DEDICAÇÃO. ALIÁS, COMPROMETIMENTO É UM DOS PILARES FUNDAMENTAIS DESSE PROCESSO. AFINAL, QUANDO A GENTE SE COMPROMETE VERDADEIRAMENTE COM ALGUM OBJETIVO, A GENTE FAZ O QUE PRECISA SER FEITO!

É COM NOSSAS AÇÕES, FOCADAS E REGULARES, QUE VAMOS CONSTRUINDO OS PASSOS DA NOSSA JORNADA. MAS, QUANDO TAIS AÇÕES NÃO ESTÃO ALINHADAS AOS NOSSOS VALORES E A UM PROPÓSITO MAIOR, ELAS MUITAS VEZES PERDEM O SENTIDO E ACABAMOS NOS DESVIANDO NO MEIO DO CAMINHO, E COM ISSO MUDAMOS OS RUMOS DA NOSSA VIDA.

NESSE SENTIDO, ENTENDER QUAIS SÃO OS SEUS VALORES E AQUILO QUE FAZ SEUS OLHOS BRILHAREM, SEU CORAÇÃO BATER MAIS FORTE... ENTENDER O QUE VOCÊ FARIA (FELIZ) ATÉ OS ÚLTIMOS DIAS DA SUA VIDA, SE DINHEIRO NÃO FOSSE UM PROBLEMA, É CONDIÇÃO FUNDAMENTAL

palavra do profissional

PARA QUALQUER ESCOLHA RELACIONADA À SUA CARREIRA.

COMO DITO NO DECORRER DESTE CAPÍTULO, UM PROCESSO DE COACHING PODE SER BASTANTE ÚTIL NESSA DIREÇÃO. DESDE QUE VOCÊ SE ENTREGUE AO PROCESSO; DESDE QUE VOCÊ SE RESPONSABILIZE PELO SUCESSO DELE; DESDE QUE VOCÊ PARE DE CULPABILIZAR AS PESSOAS À SUA VOLTA, AS CIRCUNSTÂNCIAS EXTERNAS E ASSUMA O CONTROLE PELO QUE OCORRE COM VOCÊ.

PARA FINALIZAR, RESPONDA: QUAL FOI A ÚLTIMA VEZ QUE VOCÊ SE COMPROMETEU, DE VERDADE, COM ALGO EM SUA VIDA?

FICA AQUI O CONVITE PARA VOCÊ, NESTE MOMENTO, REASSUMIR AS RÉDEAS DA SUA VIDA E AVANÇAR NA DIREÇÃO DAQUILO QUE REALMENTE IMPORTA PARA VOCÊ!

VAMOS JUNTOS?

GHOEBER MORALES
PSICÓLOGO-COACH
WWW.GHOEBERMORALES.COM.BR

6

Networking:
como fazer bom uso da sua rede de contatos

Você sabe o que é network? A tradução literal já fala por si: a palavra network significa literalmente "rede de trabalho". Todo e qualquer veículo que você utiliza para guardar contatos e trocar informações pode ser chamado assim: desde sua agenda até qualquer rede social da qual você faça parte.

Antigamente, era comum a troca de cartões de visita. Hoje, ela ainda acontece, mas seguida automaticamente da inclusão em um veículo digital. A sua própria agenda de celular pode ser uma fonte rica de network. Quando sua rede como profissional é bem desenvolvida, atualizada e mantida regularmente, ela possibilita processos mais rápidos, projetos mais alinhados e conexões com pessoas certas, nos lugares certos e na hora certa.

Fazer networking de uma maneira planejada pode abrir grandes portas de uma forma que todos só têm a ganhar. Tudo começa, na maioria das vezes, em feiras, workshops ou eventos dos quais participamos. Uma conversa e uma troca de cartões, seguida no dia seguinte de um e-mail ou mensagem de agradecimento pela conversa, já é um primeiro passo para se estabelecer uma relação com a pessoa com a qual você teve contato.

É importante ainda lembrar-se de questões básicas de etiqueta, tanto na hora de cumprimentá-la como em horários para entrar em contato. Se você sentir abertura, um "oi" já é suficiente como forma de cumprimento. Se o contato inicial que tiveram foi mais formal, comece com "bom-dia/boa-tarde" e mantenha a polidez durante toda a conversa. Na linguagem escrita, cuidado com os erros de português, abreviações, gírias e palavrões – evite-os sempre, sem exceções. O horário para contato, independentemente do veículo que você utilize para isso, é sempre durante o período comercial – mostre-se como um profissional que respeita horários e não é invasivo.

Uma boa rede de relacionamento, bem-feita e estruturada, pode cortar caminho em vários processos – na contratação de uma pessoa, em uma entrevista de emprego, na organização de um evento e até mesmo como forma de abrir portas para um novo networking. Busque mantê-la ativa, oferecendo favores antes mesmo de pedi-los e, eventualmente, marcando um café sem maiores pretensões, apenas para troca de experiências e estreitamento do relacionamento.

Lembre-se de que essa prática não abrange somente pessoas do seu círculo social ou profissional, nem somente os meios mais comuns. Cumprimentar o porteiro e perguntar seu nome, por exemplo, pode ser uma excelente maneira de chegar até o presidente de grandes companhias. Um estagiário ou assistente hoje pode ser o dono de uma start up multibilionária amanhã. O executivo daquela empresa que nada tem a ver com seu trabalho pode ser contratado para o seu ramo de negócios e lembrar de você para sua equipe. Se você é cordial com o manobrista, ele vai cuidar melhor do seu carro e até conseguir uma vaga para você quando o estacionamento estiver lotado e você estiver atrasado para aquela reunião importante. Um porteiro amigo pode fazer o seu cartão de visitas chegar até a pessoa certa. Existem histórias de profissionais que conseguiram oportunidades incríveis só por conversar com a moça do café entre uma reunião e outra.

Cada vez mais, as mudanças no contexto profissional da atualidade são cíclicas e rápidas, independentemente do ramo de negócios do qual se faça parte. Nas empresas, associações, organizações e fundações deste século, é bem comum a prática do *job rotation*, ou seja, os profissionais passam por todas as áreas antes de serem promovidos. As empresas falam entre si. Uma pessoa pode trabalhar com um produto voltado para o mercado de luxo e, quando menos espera, pode ser direcionada para o mercado popular. Ou para a concorrência. Ou, ainda, para uma empresa totalmente diferente que soube do seu trabalho. Nunca se esqueça de que, independentemente da área que se trabalhe, você irá cruzar com pessoas que inevitavelmente estarão avaliando seu desempenho e podem futuramente ser seu novo empregador. Por isso, o grande desafio é entregar o mesmo desempenho, não importa onde esteja.

A cada nova oportunidade, você vai perceber que redes de fornecedores se repetem, pessoas que você já teve contato falam de você e sua imagem fará toda a diferença. Se você fez as coisas bem-feitas, de maneira correta e ética, vai facilmente conseguir encontrar correlações entre profissionais com facilidade e executar bem o seu trabalho. Algumas pessoas ficam anos sem conseguir se recolocar mesmo com currículos excelentes, simplesmente porque esqueceram de praticar o networking.

Não se feche em sua relação diária. Abra os olhos para o todo, porque o mercado está cada vez menor e cada vez mais priorizando o home office e *coworking*. A contratação de profissionais de áreas diferentes do ramo principal de negócios hoje é bem-vista, como forma de trazer novos *insights* para a empresa. Se você já pratica essa visão multifacetada, que busca o tempo todo relações entre negócios que parecem não ter relação alguma e, ao realizar projetos, consegue que todos os envolvidos se coloquem em uma relação ganha-ganha, isso pode fazer toda a diferença. Por isso, circule, converse e valorize cada "bom-dia".

BOAS PRÁTICAS DE NETWORKING

- Busque conhecimento, desenvolva e estude análises, saiba com quem você vai falar e qual é a empresa que vai visitar. Hoje em dia temos ferramentas muito rápidas e ágeis para isso, como as plataformas de busca, os websites, as redes sociais e outros veículos *on-line*.

- No momento em que você fizer o primeiro contato com alguém que conheceu, saiba respeitar o tempo dele, sem ser invasivo. Nem sempre a pessoa está disponível para respondê-la imediatamente. Controle a ansiedade e dê tempo para seu contato dar o feedback.

- Se for atrasar ou cancelar, comunique com no mínimo 24 horas de antecedência.

- Leve suas melhores ferramentas, seja um currículo, um link para seu perfil de LinkedIn ou um cartão de visitas para o encontro, junto à proposta que você quer apresentar. Seja breve e objetivo, sem redundância.

- Retorne para a primeira dica caso a resposta ou prazo para retorno não seja dado durante a reunião. Avalie: se no passo anterior foi mais fácil o contato e o retorno, no pós-reunião você vai saber como manter essa relação.

- Hoje em dia, as relações tendem a ser muito mais rápidas devido à grande facilidade das redes sociais e aplicativos de comunicação. Se na conversa inicial vocês já trocaram mensagens de texto, não saia mandando várias mensagens. Pare, respire e faça um pós-contato de maneira elegante. Agradeça a reunião, o contato ou a oportunidade.

- Se a aproximação foi muito recíproca, você pode até enviar um cartão de agradecimento, acompanhado de flores para mulheres e chocolates para homens, por exemplo. Mas, na maioria das vezes, o e-mail ou mensagem de agradecimento já fará toda a diferença.

Nove dicas para conquistar, manter e desenvolver seu networking

 Sempre esteja atualizado com o que está acontecendo no mundo e, principalmente, sobre o nicho ou pessoa da qual você tem interesse. Na pior das hipóteses, busque se informar antes da sua reunião, encontro ou entrevista. Não tente desenvolver assuntos que não domina. Reconhecer que desconhece aquele tópico, mas demonstrar interesse em aprender, é uma boa alternativa.

 Tenha bom senso na hora de dividir seu network, principalmente daqueles contatos que prezam pela privacidade. Atente-se à hora, ao momento e às pessoas certas com quem dividir seus contatos. Colabore de maneira atenciosa com todos, sem agredir sua rede. Seu nome está por trás de cada contato e conexão realizada.

 Dê atenção diferente para cada tipo de contato. Divida seu mailing em células. Indique o caminho pelo qual o profissional que lhe pediu ajuda pode conseguir o que quer e saiba dizer não com gentileza, sempre que necessário.

4. Não espere gratidão e retorno imediato. Não cobre, mas peça feedback se deu certo. Faça a sua parte, que o resultado virá a médio ou longo prazo. Não pense só no dinheiro, e sim no que o desenvolvimento daquela relação pode lhe trazer no futuro. Um bom network requer estratégia.

5. Nunca queira ser o dono da sua própria rede, fazendo propaganda de quem você conhece, ou pior, de quem você não conhece. Fale menos, seja simples. Demonstre por atitudes.

6. Faça-se presente. Mantenha sua rede sempre atualizada e responda sempre que requisitado, mesmo que seja para dizer que dará um retorno assim que possível. Mantenha-se conectado o tempo todo e não perca o *timing*.

7. Conheça bem o seu contato. Indique somente se tiver certeza de que aquele é o telefone ou o e-mail correto. Do contrário, a pessoa que recebeu pode interpretar isso de maneira negativa. Seu network também constrói a sua imagem.

8. Silêncio e ética são uma prece. Não conte histórias de contatos seus, a não ser que seja autorizado para isso. Seja ético, respeitando sempre os dois lados da balança. Use seu bom senso para avaliar pessoas que se aproximam de você para usar seus contatos como ponte e aquelas que querem genuinamente aprender com você. Da mesma forma, não puxe o tapete de ninguém nem bajule para conseguir favores.

9. Networking significa ser visto na hora certa e no momento certo. Não se deixe cair no esquecimento, fazendo uso das redes sociais para estreitar relacionamento, chamando para um café, contando suas novidades, convidando para eventos exclusivos que você tem acesso. Verifique as necessidades do seu network e tente atendê-las da melhor maneira possível.

"

"NET" E "WORK" ACREDITO SER PALAVRA E AÇÃO TÃO IMPORTANTES PARA AS RELAÇÕES PROFISSIONAIS E PESSOAIS QUE ATÉ FUNDEI UMA EMPRESA QUE LEVA, LITERALMENTE, ESSE NOME.

RESPEITO, BOM SENSO E ÉTICA SÃO FUNDAMENTAIS PARA SEU DESENVOLVIMENTO, EM QUALQUER ÁREA.

TENHA ATENÇÃO AOS DETALHES DO COMPORTAMENTO DE SEUS CONTATOS E CULTIVE ESSA RELAÇÃO. DEDIQUE TEMPO E PROPORCIONE EXPERIÊNCIAS PARA MOSTRAR QUE SE IMPORTA, O QUE É MUITO DIFERENTE DE SER UM "PUXA-SACO". O PUXA-SACO É AQUELE QUE ESTÁ SEMPRE DISPONÍVEL, PROMETE MUITAS COISAS PARA AGRADAR E FAZ UMA ENTREGA MEDIANA NO TRABALHO POR ACREDITAR QUE A

palavra do profissional

SUA RELAÇÃO PESSOAL COM O CLIENTE
LHE ASSEGURA QUALQUER COISA.

NÃO GOSTO DE NADA MEDIANO, E NÃO PERMITO
PAUTAR DESSA FORMA QUALQUER RELAÇÃO. ENTÃO,
ACONSELHO: ESTABELEÇA LIMITES A SI MESMO, GANHE
PROXIMIDADE E CONQUISTE A INTIMIDADE. SEU
CLIENTE, CERTAMENTE, VIRARÁ TEU AMIGO.

CONFIE NISSO E SOME O SEU TALENTO,
QUE OS RESULTADOS VIRÃO.

HECTOR MIRANDA
CEO DA NET'N'WORK
HTTP://WWW.NETNWORK.NET/

7

Imagem pessoal no trabalho: projeção e verdade

Todos nós costumamos projetar o que queremos para nossa carreira profissional. Algumas vezes, a partir de nossas expectativas, outras, a partir de planejamento e estratégia. Mas será que a sua imagem pessoal condiz com a que você está realmente transmitindo? É bastante comum, por falta de objetividade e até mesmo de honestidade consigo mesmo, perder o foco, abandonar a sua essência ou o seu verdadeiro perfil profissional.

Existe uma correlação muito diferente do que é projeção e do que é, de fato, verdade no mercado de trabalho. Muitos profissionais se projetam de uma forma e, quando vão ao encontro de seu objetivo, descobrem que a verdade é diferente daquela que imaginavam – o salário não era como o esperado, as tarefas são diferentes das quais se prepararam para exercer, nem todos os colegas de trabalho são acolhedores ou éticos, nem todos os processos são claros ou, pior ainda, aquela imagem que você projetou sobre o trabalho ou sobre si mesma não tem como ser sustentada.

É importante ser honesto desde o princípio, dizendo claramente o que você sabe e o que desconhece, prometendo somente o que você pode entregar e deixando claro suas expectativas sobre o ambiente de trabalho e a chefia. Na época em que vivemos, não existe mais espaço para falsas verdades, principalmente aquelas criadas por você mesmo.

Procure estudar, manter-se atualizado e dominar ferramentas reais, úteis para sua carreira, de forma que sua projeção seja completa e condizente com o seu perfil profissional. Assuma o que não sabe fazer e esteja aberto a estudar e se informar a respeito. Uma vez que tenha se comprometido com isso, cumpra sua meta. Sendo verdadeiro com os outros – e, principalmente, consigo mesmo –, você só tem a ganhar, pois a verdade sempre vem à tona, e o sucesso é garantido quando lidamos com variáveis que conhecemos.

Nunca projete algo que não saiba, de fato, executar. Se projetou, executou e não obteve feedback, procure a outra parte em busca de críticas construtivas. Saiba recebê-las de forma não agressiva. Analise, veja se estão condizentes com sua essência e/ou objetivo profissional. No que estiver errado, procure ferramentas para melhorar. No que estiver certo, busque alinhar o feedback que recebeu, com cautela e inteligência, dividindo as responsabilidades entre todos os envolvidos. Lembre-se de que a palavra tem poder e que, se mal colocada, pode destruir sua reputação ou tudo o que você construiu em relação a um projeto, a um negócio, a um contato ou a um empresário.

É importante também não se cobrar tanto, muito menos tentar viver a imagem de outra pessoa. Busque um alinhamento global considerando o seu plano de carreira (*vide capítulo 5*). Às vezes é melhor dizer um não agora do que postergar a resposta ou assumir um compromisso do qual não pode dar conta. Isso será bem-visto e recompensado mais tarde, financeiramente ou com uma nova oportunidade de trabalho.

Não deixe a ansiedade ou as expectativas por conseguir uma oportunidade impedirem você de seguir a sua essência. Se você sabe, execute com empenho. Se você não sabe, busque aprender antes de assumir um compromisso ou trabalhe com prazos reais. Projetar é fácil, difícil é sustentar o que se promete ou projeta. Se você quer passar a imagem de um bom executivo, que veste a camisa e cumpre o que foi planejado, compareça também na execução, acompanhe de perto e veja se as coisas estão verdadeiramente conforme o combinado. Se não estiverem, saiba pontuar os envolvidos para que tudo entre no eixo. Caso não funcione ou encontre problemas, busque soluções junto à sua equipe; envolva todos no problema. Demonstre o que sabe sem medo e esteja aberto para aprender com os outros. A humildade fará toda a diferença na construção de sua imagem.

10 SINAIS QUE INDICAM FALTA DE PLANEJAMENTO DE SUA IMAGEM PESSOAL

Se algo nesta lista lhe for familiar, preste atenção, pois você deve buscar melhorar a implementação e o seu planejamento estratégico de imagem no trabalho. Provavelmente, o que você está projetando é diferente da sua essência.

Se você tem um plano para a sua empresa ou para o seu projeto, mas as ideias estão todas na sua cabeça, não espere que sua equipe viabilize-as com facilidade. Muitos profissionais não conseguem dividir ou expressar o que desejam de maneira clara, no entanto cobram os resultados conforme suas expectativas. Se não sabe como executar, esteja aberto a ouvir opiniões e construa um processo que funcione junto à sua equipe.

Nem sempre ter um plano ou planejamento estruturado em planilhas significa que tudo dará certo ou sairá conforme o esperado. É preciso saber fazer a integração do que está escrito com a forma de como tudo funciona, e também manter um acompanhamento eficiente na prática de tudo o que está descrito e de todos os envolvidos. O método que você criou também deve estar claro e ser adotado pelos membros da equipe, para que eles possam contribuir de maneira colaborativa e eficiente.

De nada adianta ter um sistema para estabelecer metas, objetivos e dar feedback se ele não funciona corretamente ou se dificulta a avaliação de seus projetos em reuniões de diretoria. Reveja, crie um novo sistema ou adote uma nova prática que seja eficiente para todos os envolvidos.

 Enumere seus pontos fortes, suas fraquezas e seus pontos a desenvolver em um papel, quadro ou bloco de notas. Deixe-os à vista para lembrar-se constantemente do que você sabe fazer e do que você precisa aprimorar antes de assumir um compromisso. Se necessário, busque um coaching para te ajudar nesse processo (*vide capítulo 5*).

 Você gostaria de ser avisado quando alguma entrega, pagamento ou ação de um fornecedor vai atrasar? Então faça o mesmo em relação ao seu cliente, à sua empresa, à sua equipe e aos seus contatos. É melhor dividir as falhas e os atrasos com todos os envolvidos, de maneira transparente, do que não falar a verdade ou omitir fatos com o pretexto de evitar conflitos.

 Uma análise muito breve de um projeto de trabalho pode fazer com que se esqueça de como eliminar as fraquezas dele e de como aproveitar oportunidades. Invista algum tempo nesse processo e divida suas conclusões com o cliente final. Essa análise pode inclusive ajudá-lo a identificar o quanto você pode contribuir e até mesmo se você pode participar do projeto. Lembre-se de que é melhor dizer "não" do que assumir algo e depois não entregar.

Não adianta estabelecer metas para si e demorar para cumpri-las. O mercado é dinâmico, e um conhecimento que serve para você hoje pode mudar completamente em pouquíssimo tempo. Se você traçou um objetivo para desenvolver seus conhecimentos e sua imagem, cumpra-os o mais rápido possível. O mesmo vale para quando assumir um projeto: uma vez comprometido, cumpra com o exigido, no tempo combinado.

 Se você trabalha com uma equipe multidisciplinar, com tarefas bem distribuídas, mas não consegue acompanhar o que está acontecendo de maneira eficiente, busque criar um sistema de acompanhamento de tarefas e deixe que cada um se responsabilize pelo que lhe foi delegado. Não mude as tarefas no meio, seja claro desde o princípio. Se for alterar algum *briefing*, comunique a sua equipe rapidamente, com tempo hábil para execução, sempre que possível. A sua imagem como gestor de projeto é importante para o andamento eficiente de projetos futuros.

 Você não consegue captar rapidamente os dados de projetos para tomar decisões na hora em que são necessárias. Lembre-se de que todas as informações devem estar organizadas desde o princípio para que você ou qualquer membro da equipe possa responder sobre cada tarefa imediatamente. Crie um sistema de organização e planejamento, mesmo se estiver trabalhando sozinho, e reveja-o semanalmente. As agendas organizadoras, comuns hoje no mercado, podem ajudar nisso.

10 - Você planeja e executa, mas não revisa os pontos fortes e fracos do projeto depois. Busque sempre avaliar como foi o seu desempenho e procure melhorar as falhas na próxima vez. Se você demonstrar para o seu cliente, a sua equipe e os seus fornecedores que aprende com seus próprios erros, isso contribuirá para que tenham uma imagem positiva de você.

Ponderar é
regra de ouro

- Quando olhar para o outro, pondere.
- Quando participar do sorriso do outro, pondere.
- Quando observar a forma com que o outro leva a vida, pondere.
- Quando vir as conquistas do outro, pondere.
- Quando viajar pelas redes sociais do outro, pondere.
- Quando vir a felicidade do outro, pondere.
- Quando vir a relação familiar do outro, pondere.
- Tudo é imagem.
- O outro é um espelho de nossas virtudes e fraquezas.
- Ponderar é saber separar o que é a imagem que se deseja passar e o que é a verdadeira essência de cada um.

Encontrar essa "verdadeira essência" é fundamental. É fundamental sermos a essência de nós mesmos. Buscar dentro de nós mesmos a nossa verdade é projetá-la, sem reservas.

O receio da não aceitação sempre vai assombrar, porém devemos nos lembrar de que a negação também pode vir de uma imagem inventada, uma imagem de ilusão, apenas para agradar aos que nos veem.

Por que sempre acreditamos que a verdade não agradará? A verdade é encantadora, pois denota naturalidade, lealdade, transparência. A verdade de nós mesmos, quando assumimos e aprovamos, é encantadora e gera vínculos, pois não precisamos atuar para convencer, precisamos apenas viver... E viver já é tão complicado... Para que preocupar-se em manter um personagem?

Fica tão mais leve ser apenas um, ser essência, ser...

Devemos aqui entender também que sermos essência não é impormos a todos o nosso jeito e achar que essa é a única verdade absoluta. A adequação e a flexibilidade também são importantes, para que possamos viver em sociedade, respeitando-nos e respeitando o SER do outro.

Importante falar sobre isso, pois ser essência não é impor, não é adotar a "síndrome de Gabriela" ("eu nasci assim, eu cresci assim, vou ser sempre assim...") e exigir que todos nos engulam, sem questionamentos. Ser verdade também é aceitar a verdade do outro.

Usar inteligentemente a nossa verdade nos possibilita ter um relacionamento interpessoal saudável, pois adotaremos uma postura mais leve (uma vez que nos livramos do peso do personagem) e respeitamos a postura do outro (que, esperemos, tenha se livrado também do personagem dele).

Carregamos em nós uma imensidão de possibilidades. Não vale a pena deixar de lado tudo o que a vida nos presenteou de experiências, observações e aprendizado. Anular quem somos é anular a vida que temos.

Acreditemos, a essência é a melhor parte de nossa imagem.

QUE IMAGEM PROJETAMOS AOS OUTROS?

Ficamos, todos, apreensivos quando temos de validar nossa imagem. Principalmente porque estamos vulneráveis a pré-julgamentos, comparações, crenças, preconceitos, etc. E isso tudo nos deixa receosos e acabamos decidindo nem pensar nisso. Preferimos pensar que está tudo bem.

O primeiro paradigma a se quebrar é a crença de que nossa imagem está sob o domínio dos outros. Ninguém decide sobre nossa imagem, pois ela é um reflexo de quem somos interiormente. Podemos, inclusive, conhecer e projetar a imagem que queremos, de acordo com a nossa essência e os nossos objetivos. Assim, conseguimos adequá-la e aproximá-la mais da nossa verdade, sem deixar de lado os objetivos que podem ser conquistados com a ajuda dela.

Que tal investirmos tempo e coragem para pensar em nossa imagem e equilibrá-la? Vamos assumir o controle sobre nosso espelho, físico e de alma. Os resultados valem a pena.

Ganhamos confiança, credibilidade, respeito e, como consequência, aproximamo-nos dos nossos objetivos.

Nossa imagem é constituída de muitas informações bastante significativas. São atitudes a que devemos estar atentos, pois melhorar cada uma delas é nosso desafio. Não adianta sermos muito bons em uma delas e deixarmos muito a desejar em outras. Assim, vejamos:

Conjunto de atitudes que constituem a
imagem do profissional

Conhecimento de si mesmo – conhecer-se para projetar-se. Nossa imagem é construída por nós mesmos. É imprescindível saber quem somos.

Ética – conduta pautada em valores. O mundo precisa da ética para que haja respeito mútuo. Estamos tão carentes de exemplos que nos esquecemos de praticar a ética. É fundamental para estabelecer credibilidade e principal motivo para vínculos longevos.

Regras de comportamento – regras são sempre malvistas, porém, se não houvesse regras, cada um de nós criaria um mundo particular, o que tornaria impraticável viver em comunidade. As regras de comportamento (ou etiqueta – social e profissional) emprestam à vida cotidiana harmonia e elegância. Quando nos preocupamos com regras de comportamento, tornamo-nos mais generosos, pois elas sempre beneficiam o próximo, de modo a levá-lo a querer estar conosco mais vezes, uma vez que a convivência é agradável. Quebre paradigmas e aprenda as regras de convívio. Interiorize e pratique.

Cultura – é tudo o que aprendemos com a convivência social, ou seja, quanto mais convivemos, mais aprendemos. Linguagem, valores, crenças, vestuário e comportamento são características culturais que vamos adquirindo no decorrer da vida e nutrem diálogos, reflexões e mudanças, daí ser imprescindível para a imagem.

Discrição – os exageros ao falar, ao vestir e ao tecer opiniões normalmente pesam negativamente contra a imagem. Ser discreto é usar muito bem o silêncio, a observação, a delicadeza dos gestos para o agradável convívio em sociedade.

IMA
PROFIS

Preocupação com a apresentação pessoal – preocupação, e não escravidão (que fique claro), com a adequação do vestuário às mais diversas situações pessoais e profissionais tornam nossa imagem agradável aos olhos e mostram nosso respeito àquela situação específica. Assim como a linguagem, cada situação requer um código de vestuário adequado, porém, nada terá significado se não houver ética, cultura, gentileza, boa comunicação, etc.

Comunicação eficiente – comunicar-se é fazer-se entender. Comunicar-se com clareza, coerência e coesão gera diferencial competitivo, dada a dificuldade da maioria das pessoas em usar a linguagem de maneira eficiente.

Elegância e gentileza – esses dois aspectos se completam: a elegância não existe sem a gentileza. E o inverso também é verdadeiro. Sermos acessíveis, generosos, empáticos e atentos com quem está à nossa volta positiva nossa imagem.

Essência – nossa essência é a nossa natureza, a nossa verdade, o nosso "eu interior" respeitado em suas características. Onde há verdade, existe credibilidade e naturalidade, sendo desnecessário realizar esforços para ser o que não se é. Buscar nossa essência, validá-la e respeitá-la nos dará uma consistência humana incomparável.

Inteligência social – de que maneira nos relacionamos com as pessoas ao nosso redor? Usamos empatia para compreendê-las? Somos pessoas de fácil convívio? A inteligência social nos capacita ao relacionamento saudável, respeitoso e duradouro.

CONFIANÇA, SEGURANÇA E, ACIMA DE TUDO, PREPARO PRÉVIO.

ESSES SEMPRE FORAM ATRIBUTOS E CARACTERÍSTICAS FUNDAMENTAIS E ESSENCIAIS EM MINHA TRAJETÓRIA PROFISSIONAL.

ATUANDO COMO EXECUTIVO EM CARGO DE LIDERANÇA DESDE OS DEZENOVE ANOS, TIVE DE ENCONTRAR UMA FORMA DE DRIBLAR AS NATURAIS RESISTÊNCIAS QUE SEMPRE ENCONTREI POR SER JOVEM E, COM ISSO, SUSCITAR NO INTERLOCUTOR, DESCONFIANÇA – E ATÉ MESMO RESISTÊNCIA – PARA UMA TROCA PROFISSIONAL QUALIFICADA COMIGO.

DESSA FORMA, TIVE DE DESENVOLVER ASPECTOS DE MINHA PERSONALIDADE E APRESENTAÇÃO PESSOAL QUE

palavra do profissional

CONSEGUISSEM CONQUISTAR DE IMEDIATO O OUTRO LADO E QUEBRAR EM SEGUNDOS A RESISTÊNCIA.

EM PRIMEIRO LUGAR, TINHA UMA PREOCUPAÇÃO EXACERBADA COM A MINHA APRESENTAÇÃO PESSOAL, COM A QUAL DESDE SEMPRE ME ATENTEI, CHEGANDO ATÉ A CONTRATAR UM PROFISSIONAL QUE ME AJUDASSE E ME ORIENTASSE QUANTO AO QUE VESTIR E COMO VESTIR. IMPORTANTE AQUI DIZER E AFIRMAR QUE EU SEMPRE TENTEI NÃO PARECER MAIS VELHO. AO CONTRÁRIO, EU ME ESFORCEI SEMPRE PARA MOSTRAR E DEMONSTRAR QUE ERA CAPAZ DE SABER, CONDUZIR, LIDERAR E EXECUTAR COM A IDADE QUE EU TINHA.

MAS, O FOCO PRINCIPAL FOI SEMPRE ME PREPARAR PARA UM TEMA. SEMPRE LI MUITO. SEMPRE ME PREPAREI MUITO ANTES DE PARTICIPAR DE ALGUMA REUNIÃO,

,,

"

DE MINISTRAR UMA PALESTRA, DE MINISTRAR UM
CURSO, DE LIDERAR UM GRUPO DE FUNCIONÁRIOS.

E AQUILO QUE, ESTRATEGICAMENTE, FOI FUNDAMENTAL
PARA MINHA DIFERENCIAÇÃO, TORNOU-SE, AO
LONGO DO TEMPO, MINHA MARCA REGISTRADA.

SOU COMPROMETIDO ATÉ HOJE A SURPREENDER PELO
CONTEÚDO. PREPARO-ME OBSESSIVAMENTE.

DEDICO-ME POR INTEIRO AO TEMA E AO
MOMENTO, ANTECIPADAMENTE.

EXERCITO CONTINUAMENTE A HUMILDADE E
O CONTROLE DA PRESUNÇÃO E DA ARROGÂNCIA,
COLOCANDO-ME EM UMA POSIÇÃO
HONESTA E VERDADEIRA DE TROCA.

DEIXO CLARO QUANDO NÃO SEI, MAS FAÇO DE
TUDO PARA EVITAR ESSE MOMENTO.

palavra do profissional

E QUANDO NÃO SEI, MEUS CONHECIMENTOS PRÉVIOS, EM ALGUM MOMENTO, CONECTAM-SE AO TEMA, DE FORMA INDIRETA. É UMA COLCHA DE RETALHOS. AS GAVETAS DE INFORMAÇÕES COLETADAS SE ABREM E SE COLOCAM À DISPOSIÇÃO PARA O QUEBRA-CABEÇA QUE VAI SE MONTANDO.

PREPARAÇÃO. ANTECIPAÇÃO. DEDICAÇÃO. FOCO. DISCIPLINA.

ESSA É A MINHA RECEITA!

CARLOS FERREIRINHA
ESPECIALISTA SOBRE INTELIGÊNCIA DA GESTÃO DO LUXO E PREMIUM DA AMÉRICA LATINA
HTTP://WWW.MCFCONSULTORIA.COM.BR/WEBSITE/

8

Os 5S e a apresentação pessoal

Você já ouviu falar dos 5S? Os cinco sensos de organização e planejamento tiveram origem no Japão, durante a reconstrução do país no período pós-Guerra Mundial. Com a ajuda americana, eles receberam orientação sobre controle de qualidade e aperfeiçoaram o seu estilo, criando os 5S, que nada mais são do que cinco diretrizes para organizar o seu espaço e método de trabalho de maneira contínua, melhorando e aprimorando processos cada vez mais, em busca da otimização de resultados.

Os 5S nos orientam sobre como observar, avaliar e tomar decisões adequadas para nosso desenvolvimento como pessoa, como cidadão e como profissional. Você vai perceber que eles podem ser aplicados naturalmente no dia a dia, na vida pessoal, nas empresas, nas escolas, nas famílias, nas comunidades e nos serviços públicos. São melhorias simples que, em médio prazo, tornam-se contínuas e naturais, sem a necessidade de maiores esforços.

A teoria dos 5S é tão abrangente que pode ser aplicada a todas as áreas de sua vida. Neste capítulo, vamos utilizar cada um dos comandos para aprimorar sua apresentação pessoal e manter você sempre em linha com a imagem que deseja passar para cada ocasião. Vamos dividi-los também em três subgêneros: racional, emocional e prático. Mantenha em mente que todos os cinco sensos trabalham de maneira interligada, em um ciclo contínuo e ininterrupto.

SENSO DE UTILIZAÇÃO

COMANDO: separar o que é realmente útil, otimizando o uso desses recursos.
GÊNERO: prático.

Para criar ou aprimorar a sua apresentação pessoal, tomando por base esse primeiro senso, precisamos pensar primeiramente em como anda seu trabalho, sua vida pessoal, seu guarda-roupa e seus objetos pessoais. O que ainda realmente serve para você? O que não te serve mais? Você consegue listar todas suas conquistas até hoje?

Em todos os ambientes que você frequenta rotineiramente, sozinho ou com outras pessoas, procure separar o útil daquilo que não lhe serve mais. Por exemplo, nos cômodos da sua casa, você consegue encontrar tudo o que precisa com facilidade? Passe por cada um deles com olhar analítico e separe tudo aquilo que não tem mais utilidade para você.

Importante: quando falamos de senso de utilidade, não estamos falando necessariamente da função do objeto, mas sim do principal motivo dele estar naquele ambiente. Um bibelô de viagem, por exemplo, não tem utilidade prática, mas pode servir para lembrá-lo de algum momento especial. Logo, ele tem uma função.

Tudo aquilo que estiver ocupando espaço e não corresponder a esse senso deve ser separado para descarte. Coloque uma caixa em cada cômodo, separe esses objetos e, ao terminar, revisite cada caixa para ter certeza de que tudo pode ser descartado. Faça isso também com seu guarda-roupa, baús, gavetas, sapateiras e demais compartimentos. Uma vez arrumada sua casa, faça o mesmo em seu ambiente de trabalho.

O terceiro e último passo é listar também suas características pessoais, positivas e negativas, o que lhe faz bem e o que não lhe faz, o que o arrepia e o que desmotiva, o que faz seu coração bater mais forte e o que lhe dá preguiça, o que você faz por prazer e o que faz por obrigação. Essa autolimpeza ajuda a equilibrar o mais importante ambiente de todos: você mesmo.

SENSO DE ORDENAÇÃO

COMANDO: organizar as suas coisas.
GÊNERO: prático.

Na sua apresentação pessoal, podemos caracterizar este senso a partir de perguntas como: "Você está bem vestido?", "Cuidou da sua pele?". "Como está sua saúde física e emocional?". Trata-se de saber ordenar e organizar os sistemas, tanto meros objetos físicos – roupas, ferramentas de trabalho e itens que você possui – como qualidades que você deseja ressaltar daqui para frente.

Desenvolva uma rotina para organizar sempre cada coisa no seu lugar, para que no momento da utilização ela seja facilmente acessada, sem perda de tempo. Os itens que foram considerados úteis no senso anterior devem voltar para seus lugares de maneira organizada. Se necessário, crie um sistema de etiquetas para lembrar onde está cada objeto. Organize tudo de forma que eles passem a fazer parte naturalmente da sua vida e da sua rotina.

Indo mais além, escolha suas lojas de roupas ou estilistas favoritos, itens de cuidados pessoais que funcionam adequadamente para seu tipo de pele e cabelo, liste profissionais que vão cuidar e acompanhar sua evolução, seu crescimento profissional e sua saúde, de uma maneira geral. Crie uma agenda, uma rotina de visitas e/ou de compras para cada categoria e separe um orçamento periódico para cada um.

SENSO DE LIMPEZA

COMANDO: limpar e manter limpo o que está à sua volta.
GÊNERO: prático.

Para entender melhor esse senso no que diz respeito à sua apresentação pessoal, vamos destacar o ambiente de trabalho. A organização da sua mesa, do seu desktop, das suas rotinas de reuniões, independentemente de qual seja sua atividade de trabalho, tudo deve estar em sincronia e bem organizado, conforme orientado nos sensos anteriores, mas também limpo.

Muitas das grandes empresas de hoje em dia não têm bancada fixa: elas implementaram a rotatividade da estação de trabalho. Cada dia você é convidado a sentar em um ambiente novo, compartilhado, onde você poderá dividir espaço tanto com um estagiário como com o presidente da organização. Os coworkings são um bom exemplo desse sistema, onde, a cada dia, você trabalha em um local diferente e, ao sair, precisa deixar o ambiente pronto e limpo para que o próximo possa utilizá-lo. Ainda que sua empresa adote o sistema tradicional, uma mesa limpa passa a imagem de que você é um profissional cuidadoso, organizado e que pensa no bem-estar dos colegas que estão no mesmo ambiente que você.

O mesmo vale para sua casa. A regra é bem simples: sujou, limpou. Se você não deixar sujeira acumulada, terá sempre um ambiente agradável para retornar depois do trabalho. Isso é ainda mais importante se você trabalha no sistema de home office, o que também se torna cada vez mais comum nos dias de hoje. Separe um ambiente claro, arejado e organizado para exercer suas atividades laborais e deixe o resto da casa para suas atividades de lazer e descanso.

Na suas atividades pessoais, busque manter seu network ativo e funcionando, sempre organizado, descartando e/ou atualizando contatos sempre que possível. Mantenha-se na memória dos profissionais que você conhece fazendo uso de recursos como e-mails, reuniões despretensiosas ou, quando for o caso, oferecendo novos projetos (*vide capítulo 6*).

SENSO DE BEM-ESTAR COM A VIDA/SAÚDE

COMANDO: pôr em prática hábitos saudáveis.
GÊNERO: emocional.

Estar em dia com sua saúde é fundamental para qualquer projeto, trabalho ou network. Faça exames periódicos com especialistas de confiança ao final de cada ano e retorne para realizar tratamentos sempre que necessário. Procure um nutricionista e busque praticar um esporte que não só trabalhe seu corpo, mas que também promova o seu bem-estar de uma maneira geral. Cuide da sua pele e de seus cabelos com um dermatologista, de seu sorriso com um dentista e da sua mente com um terapeuta ou um psicólogo. O cuidado que você tem com você mesmo é fundamental para poder chegar até o outro com sucesso.

Todo profissional deve lembrar de imprimir sua essência em tudo o que faz, não se esquecendo de se aprimorar a todo instante, pois a cada dia vivenciamos novidades. Esse tópico também está diretamente relacionado a nossos princípios, ao que acreditamos e ao que somos. A forma como você se sente em relação a si mesmo influencia nas suas relações com as pessoas, como você as trata e no cuidado que tem com o outro – é como deixar a marca do seu DNA por onde você passa.

Se você souber fazê-lo bem, da maneira que se espera, sua imagem estará sempre ligada a lembranças positivas e boas memórias – ou seja, você sempre será chamado para trabalhar naquele local ou com aquela(s) pessoa(s) toda vez que houver uma oportunidade. No sentido contrário, quando o DNA que imprimimos não é bem-visto, o trabalho para modificar essa impressão posteriormente será muito maior.

SENSO DE AUTODISCIPLINA

COMANDO: comprometer-se a seguir uma rotina saudável.
GÊNERO: racional.

Esse comando na vida profissional e na imagem é relativamente associado à razão. Para ser um bom profissional, você não precisa tentar mudar padrões já estabelecidos por um grupo, associação ou empresa – a não ser que seja convidado para fazê-lo. Quando um profissional deseja muito imprimir seu DNA, deve tomar cuidado porque às vezes já existe um método, um padrão seguido por toda a equipe durante muito tempo. Não adianta insistir, é como tentar mudar uma célula de lugar: ela já sabe o que lhe foi designado a fazer e qualquer mudança pode prejudicar suas funções básicas, podendo até mesmo destruí-la por completo.

Se você começa um trabalho e percebe que os processos da forma que estão podem ser melhorados, primeiro busque entender como eles funcionam e demonstre novos métodos pouco a pouco. A competência para mudar lhe será dada automaticamente, de forma natural e integrativa. Esteja aberto também para aprender, pois ninguém nunca será o dono da verdade.

Por exemplo, um profissional que chega a uma empresa e percebe que o processo não funciona deve primeiro compreender onde está a lógica, tentar se adaptar, conversar com todos os envolvidos, ganhar a confiança, para então começar a sugerir pequenas mudanças. Aos poucos, ele receberá a atribuição de implementar novos processos, em harmonia com os antigos.

E agora?

Com o tempo e a prática, seu corpo, suas atitudes e suas percepções para os cinco sensos se tornarão cíclicas e contínuas. É uma tarefa que parece ser difícil, caro leitor, mas se você não estiver disposto a persistir, jamais saberá dos resultados que todo esse processo pode trazer em seu benefício.

Lembre-se de que esse processo tende não só a se tornar natural, como também trará a você a constante oportunidade de fazer melhorias e se aprimorar o tempo todo, seja na troca com as pessoas, seja porque você mesmo perceberá essa necessidade.

ATUALMENTE A IMAGEM PESSOAL É NOSSO CARTÃO DE VISITA AONDE QUER QUE FORMOS, PORTANTO, É SUPERIMPORTANTE PREOCUPAR-SE EM CUIDAR DELA. A IMAGEM PESSOAL ENGLOBA ESTILO DE VIDA, O QUE VOCÊ ALMEJA MOSTRAR PARA OS OUTROS, O QUE DESEJA TRANSMITIR COM SEU LOOK E OUTROS ATRIBUTOS. NESSE MUNDO TÃO GLOBALIZADO EM QUE VIVEMOS, AS PESSOAS TÊM DE ESTAR DE ACORDO COM O SEU ESTILO 24 HORAS POR DIA, DURANTE OS 7 DIAS DA SEMANA

AS MINHAS DICAS PARA TER UMA IMAGEM PESSOAL ADEQUADA SÃO:

1 – DESCOBRIR SEU TIPO FÍSICO;

2 – DEFINIR SEU ESTILO, AQUELE QUE SE ENCAIXA COM VOCÊ NO ATUAL MOMENTO DA SUA VIDA;

3 – DESCOBRIR E DEFINIR O QUE VOCÊ QUER TRANSMITIR COM A SUA IMAGEM;

4 – INVESTIR EM PEÇAS CLÁSSICAS E TAMBÉM EM OUTRAS NÃO TÃO CLÁSSICAS (MAIS FASHION, ATUAIS, PEÇAS DO MOMENTO);

palavra do profissional

5 – TENHA SEMPRE UM TOQUE DE ATUALIDADE NO SEU LOOK, ALGUMA INFORMAÇÃO DE MODA;

6 – CUIDE SEMPRE DA SAÚDE DA PELE E CABELO, POIS IMAGEM PESSOAL NÃO É SÓ O QUE VESTIMOS, MAS SIM TODA A NOSSA APARÊNCIA.

A IMAGEM PESSOAL COERENTE COM VOCÊ E SEU TRABALHO GERA MAIS CONFIANÇA E CREDIBILIDADE A VOCÊ MESMA. QUANDO REALIZAMOS UM ESTUDO DA PESSOA EM TODOS ESSES ASPECTOS, CONSEGUIMOS DEFINIR UM ESTILO PESSOAL ATUAL E COERENTE COM A IMAGEM DA EMPRESA EM QUE TRABALHA TAMBÉM!

CHRIS FRANCINI
ESTILISTA, AUTORA E CONSULTORA
DE ESTILO, FORMADA PELO
INSTITUTO MARANGONI EM MILÃO,
COM PÓS-GRADUAÇÃO EM IMAGE CONSULTING
PELA PARSON'S, EM NOVA YORK.
HTTP://WWW.CHRISFRANCINI.COM.BR/

9
Gestão de carreira e imagem de sucesso

São diversos os exemplos da construção de uma imagem de sucesso por meio da gestão de carreira. Neste capítulo vamos dar vários exemplos e contar casos reais de profissionais do mercado para ajudá-lo nesta missão – considerando tanto a forma como as outras pessoas o veem como também a forma como você mesmo se vê.

A INICIATIVA FAZ TODA A DIFERENÇA

Um profissional de TI que não tinha condições de manter a vida morando sozinho e pagar a faculdade trancou sua matrícula e resolveu começar sua carreira procurando o dono do curso de uma escola de informática na sua cidade natal. Ofereceu-se para ficar de plantão e fazer freelas no local, seja cobrindo a falta de um professor, seja consertando o *hardware* de um dos computadores, quando necessário.

Passados três meses, uma empresa de marketing chegou ao curso oferecendo uma estratégia diferenciada para captar novas matrículas. Uma raspadinha seria distribuída para alunos das escolas da região, e os premiados ganhariam isenção da taxa de inscrição no curso de informática e, se até o final do curso mantivessem 90% de frequência e boas notas, além da formação, eles ganhariam uma bicicleta ou um celular. As raspadinhas não premiadas também garantiam o mesmo benefício para quem se mantivesse no curso, mas não isentavam da taxa. Ou seja, todo mundo que participasse do jogo acabaria ganhando alguma coisa caso se inscrevesse.

O profissional de TI resolveu, por conta própria, visitar as escolas com uma proposta inovadora: se eles deixassem a empresa de marketing entrar nas salas de aula com o jogo, ele mesmo ofereceria por conta própria 10 cursos de informática, ministrados por ele, para quem a diretoria decidisse – do colegiado à faxineira.

Com isso, ele conseguiu que o curso penetrasse em quase todas as principais escolas de sua cidade natal. O aumento de alunos foi de mais de 1700%, tanto que o dono do curso de informática teve de contratar mais professores e trocar do local onde estava para um com mais salas e recursos.

Uma vez que esse aumento tinha sido absorvido, o mesmo profissional chegou ao dono do curso e propôs fazer o mesmo nas escolas das cidades vizinhas. Porém, ele se responsabilizaria por achar um local, montar uma filial do curso, captar alunos por meio da estratégia da raspadinha, escolher os melhores formandos para serem professores e assumirem a gerência daquele local. Em sete meses, foram montadas três escolas na região, todas com a capacidade máxima de alunos. O profissional de TI, antes quase um voluntário, foi promovido a sócio do curso onde ofereceu seus serviços por iniciativa própria.

REPUTAÇÃO E ÉTICA ACIMA DE TUDO

Um profissional resolveu se mudar para São Paulo e tentar a vida na capital. Seu primeiro emprego foi em uma empresa de venda de assinaturas de jornal via telemarketing. Porém, logo nos primeiros dias, ele percebeu que o mailing com que a empresa trabalhava era genérico e não filtrado, pela quantidade de vezes que ligava e não era bem recebido.

Como não concordava com bancos de contato comprados, pediu demissão. Seu segundo emprego foi em uma empresa de seguros que prometia remuneração após a segunda venda. Não demorou para descobrir que não só a empresa era uma fraude como também não pagava seus funcionários corretamente. Nesse momento, ele podia compactuar com as práticas ilegais ou pedir demissão. Sua decisão de desistir e de ajudar todas as pessoas para as quais havia vendido o seguro a recuperarem seu dinheiro garantiu a ele um bom network e oportunidades de emprego valiosas, de pessoas que confiavam na sua integridade e na sua ética.

Outros relatos falam de profissionais que receberam propostas tentadoras para levar informações confidenciais de uma empresa para a concorrência. Quem aceitou as condições pode ter sido recompensado financeiramente, mas, uma vez que precisassem de recolocação, já não eram mais vistos com bons olhos pelo mercado. No sentido oposto, aqueles que optaram por manter a confidencialidade e foram fiéis a seus clientes originais são mais procurados e estão empregados até hoje.

SEJA PROATIVO: SUPERE AS EXPECTATIVAS

Um profissional foi contratado para dar aulas para alunos especiais de uma ONG, duas vezes por semana. Se ele cumprisse sua tarefa, receberia o salário combinado no final do mês. Porém, ele começou a ajudar nos eventos de arrecadação de fundos, sugerindo novos formatos e novas parcerias, inclusive com a igreja local. Isso não só expandiu seu network como garantiu que ele fosse promovido a coordenador financeiro da organização. Muitas vezes, é preciso vestir a camisa e entregar um pouco mais do que lhe é pedido. Isso é visto com bons olhos pelo mercado. Mesmo que a recompensa financeira não venha imediatamente ou até nem apareça naquele trabalho, o network adquirido servirá para futuras oportunidades.

CONTRIBUA COM IDEIAS SEMPRE QUE POSSÍVEL

Um profissional em início de carreira foi convidado para ser promotor em um pedágio que ligava a capital de São Paulo a outra região. Sua tarefa era distribuir panfletos sobre um novo carro. No primeiro dia de trabalho, toda a equipe estava reunida com a responsável pela ação, que estava dando orientações gerais e um treinamento de como executar a tarefa. O profissional recém-contratado percebeu brechas no processo, notando onde podia contribuir para agilizar a operação e resolveu se manifestar, ajudando a construir um processo mais efetivo para todos.

Assim que a reunião acabou, ele foi chamado pela responsável, que imediatamente o promoveu a supervisor. Não demorou para ele ser convidado para o cargo de coordenador de promoção e compor o *staff* que não só montava o operacional como contribuía com a parte criativa das ações.

CONSTRUA O SEU NETWORK E A SUA CARREIRA

O mesmo profissional do exemplo anterior, em um período em que não havia mais ações promocionais agendadas, decidiu proativamente pedir uma mesa e um telefone para sua chefe, com o objetivo de prospectar mais clientes. Sua iniciativa abriu oportunidades não só para um trabalho de maior relevância como também comissionado por ação realizada.

Naquele momento, iniciou-se a formação do seu network, que crescia a cada trabalho, não só pelo esforço de prospecção, mas também pelas atividades executadas com cautela, ética e planejamento. Um cliente começou a indicar o outro, e os projetos foram aumentando de importância e volume.

Em determinada ocasião, um orçamento que ele elaborou para a segurança de um evento foi recusado pelo cliente, pois a verba disponível não era compatível. Por iniciativa própria, com a autorização de sua chefe, o profissional resolveu ceder o contato direto da empresa que seria terceirizada por ele, o que reduziria o custo, uma vez que ele não seria remunerado por isso.

A cliente, que na época era estagiária, ficou extremamente grata e, algum tempo depois, convidou o profissional e sua empresa para organizar todo o evento de uma das maiores cervejarias do Brasil. Ela havia acabado de ser efetivada e sabia que podia contar com quem a ajudou no passado.

Esse é um claro exemplo de como sua carreira pode ser rapidamente alavancada quando você administra seu network de maneira correta e ética, baseando-se em outros valores além da simples remuneração.

SEJA CRIATIVO, CORRA RISCOS, MAS TRAGA RESULTADOS

Busque trazer soluções inovadoras para seu cliente. Acredite, nem sempre elas são as mais caras, principalmente se você tem um bom network de fornecedores, que confia em você. Assuma riscos que você pode administrar e divida-os com seu cliente, mesmo que a tarefa seja aparentemente simples, como montar um *lounge* de um grande evento ou organizar o *press kit* de um novo produto.

Existem diversos casos de profissionais que investiram em ideias em que acreditavam, sob risco controlado, e chamaram a atenção de grandes executivos. Alguns deles foram até convidados para sociedades de agências hoje reconhecidas em território nacional. É importante ressaltar que, em todos os momentos, esses profissionais souberam ouvir o feedback de seus parceiros, da equipe e do cliente, aprimorando seus serviços cada vez mais.

Quanto mais bons trabalhos você entrega, mais fácil fica fazer as pontes entre clientes e marcas, entre pessoas com interesse comum – basta utilizar o network que você for conquistando a seu favor. Assim como dinheiro chama dinheiro, muito mais importante do que isso é que network chama network. Ao realizar um trabalho bem-feito, seus contatos aumentam naturalmente (e rapidamente).

Nunca despreze contatos que aparentemente não têm valor para você hoje. Aceite propostas que são diferentes das quais você está acostumado, mas comprometa-se sempre com o que pode entregar. Seja maleável, mas estabeleça condições.

Um profissional de publicidade, em determinada ocasião, organizou um *reality show on-line* para lançar uma geladeira, no qual uma família, em uma cozinha cenográfica, sentava-se à mesa em diversos horários para fazer lanches ou refeições. O primeiro a adivinhar, por meio das redes sociais, o que seria retirado da geladeira para esses momentos, recebia em casa todos os ingredientes da geladeira em menos de uma hora e meia depois que o *reality* tivesse sido exibido *on-line*. Os riscos foram inúmeros, mas o profissional dividiu as tarefas com seu cliente e o envolveu na execução, cumprindo 100% do que foi prometido. Por se tratar de uma marca internacional, sua ação foi reproduzida mundialmente pelas subsidiárias, virando um caso de sucesso em seu portfólio.

A IMAGEM FAZ TODA A DIFERENÇA

Não use a desculpa de que os clientes ou seu chefe só aciona você para apagar incêndios. Se você não construiu uma boa imagem, ou seja, se você não buscou, de forma harmônica, conquistar seu espaço para trocar com todos os envolvidos e propor soluções antes que os problemas aparecessem, considere-se corresponsável.

Para cada tarefa recebida, busque mostrar onde estão as falhas e quais são os riscos, e saiba dizer não de maneira assertiva. Esteja em dia com os 5S, pois a organização contínua permite que você levante dados mais facilmente para provar que suas hipóteses estão corretas. Quando os incêndios começarem a diminuir, você será lembrado.

PLANO DE CARREIRA NÃO É IGUAL PARA TODOS

Existem vários executivos que fazem seu plano de carreira e não são bem-sucedidos. Não adianta ser bem estruturado e esquecer-se de ser correto com as pessoas, de manter a educação e cumprimentar a todos, independentemente do nível hierárquico – isso também faz parte dessa construção de imagem profissional.

É preciso estar bem consigo mesmo, pois a resposta que você obtém de seus colegas, parceiros e clientes tem a ver com a imagem e a forma como você mesmo se dirige a eles. Construa um plano de carreira sim, busque um coach se achar necessário, mas lembre-se de que manter seus princípios e sua essência corresponde a 80% do trabalho. O resto é 5% de network e 15% de graduação.

Diversos profissionais fizeram faculdade tardiamente e ainda assim se tornaram excelentes profissionais, porque souberam ater-se ao que realmente os fazia felizes, ao que realmente desejavam fazer. Você também pode buscar a formação, conforme regem as normas – inclusive, hoje já existem programas que ajudam o aluno a sair da faculdade empregado. Mas nada se sustenta se você não for correto e ético com os outros e, principalmente, consigo mesmo, em todas as ocasiões.

palavra do profissional

POR QUINZE ANOS, MINHA ROTINA FOI PLANEJAR, ESTRUTURAR E EXECUTAR ESTRATÉGIAS DE IMAGEM PARA PERSONALIDADES, GRANDES NOMES DO MUNDO DA MODA, DA MÚSICA E DA TV.

APRENDIA E ENSINAVA DIARIAMENTE A FORMA CORRETA DE SE POSICIONAR NA VIDA PESSOAL E PROFISSIONAL.

HOJE, SOU ESPECIALISTA EM IDENTIFICAR QUAL A MELHOR IMAGEM PARA REPRESENTAR UMA MARCA, QUE AGREGUE CREDIBILIDADE, CONFIANÇA E GERE PROXIMIDADE.

RECOMENDO PARA QUEM ESTÁ SE POSICIONANDO COMO PROFISSIONAL NÃO CRIAR PERSONAGENS: COM A ERA DIGITAL

"

E TODAS AS REDES SOCIAIS, É MUITO MAIS
FÁCIL E RÁPIDO IDENTIFICAR QUEM SE APRESENTA
COM CONTEÚDO E UM SPEACH VENDEDOR
APENAS PARA CONSEGUIR EMPREGO OU
ENVOLVER ALGUÉM MOMENTANEAMENTE.

O CAMINHO PARA O SUCESSO NÃO É
FÁCIL, MAS MEU CONSELHO É:

"ACREDITE EM VOCÊ! SEJA FIEL AOS SEUS VALORES,
TENHA COMO VERDADE O QUE O SEU INSTINTO
LHE MOSTRA, MANTENHA A ÉTICA E O RESPEITO

palavra do profissional

PARA COM VOCÊ E PARA COM O OUTRO, QUE A SUA TRAJETÓRIA SERÁ RECOMPENSADA."

NÃO SE CORROMPA POR PROPOSTAS TENTADORAS E GANHOS FÁCEIS, O MOMENTO NÃO VALE A HISTÓRIA DO CAMINHO.

SUCESSO A TODOS.

LUCIANA MEDEIROS
CEO DA THE MARKETING ARM BRASIL
HTTP://WWW.THEMARKETINGARM.COM

10
A importância da boa comunicação

Importante ferramenta para projetarmos nossa imagem de maneira positiva, a boa comunicação é essencial para vivermos em sociedade e estabelecermos relacionamentos construtivos.

Comunicar (do latim *communicare*) significa tornar comum, partilhar e dividir. Logo, a comunicação nos permite expressar ideias, convicções, pontos de vista e, como resultado dessa interação, nos sentimos participantes ativos do mundo, agentes de mudança, e não apenas coadjuvantes de tudo o que acontece ao nosso redor.

Devemos ter em mente que o maior objetivo da comunicação é promover o entendimento entre as pessoas e, para que isso ocorra, deve haver a intenção de se fazer entender e o propósito de gerar interação. Comunicação é sempre bilateral.

Para tanto, é preciso objetividade, clareza e escolha de um repertório (vocabulário) reconhecido pelo nosso interlocutor. Devemos estar atentos ao outro, adequando nossa comunicação para que não haja ruídos. É recomendável evitar vocabulário difícil, gírias, termos técnicos e voz desagradável, além da preguiça, desinteresse, antipatia e prejulgamento.

Precisamos nos atentar, também, para o feedback, ou seja, solicitar ou perceber o retorno do nosso desempenho em nos comunicarmos com outras pessoas, e, caso necessário, procurar ajustes.

As palavras alimentam esse processo de comunicação. Elas registram o pensamento abstrato. São símbolos que devem ser escolhidos com sabedoria e coerência, dependendo da situação, objetivo, interlocutor ou imagem que desejamos refletir.

Assim, devemos ter consciência do quanto nosso vocabulário é vasto (ou limitado), pois se trata do recurso que nos possibilitará falar com um número maior de pessoas, permitindo-nos adequar a fala de acordo com a situação.

A ampliação de vocabulário (por meio de leitura, boa música, teatro, cinema, internet, conversação com pessoas diferentes, etc.) facilita a comunicação, pois o bom comunicador é aquele capaz de interagir com diferentes pessoas, em diferentes situações e, ainda assim, sentir-se capaz de se comunicar.

Nesse sentido, a cultura nos proporciona não só um maior vocabulário, mas também contribui para que tenhamos assuntos, temas e possibilidades distintas para utilizar as palavras. Falar, saber falar e sobre o que falar são reflexões pertinentes a todos os que desejam fazer da comunicação um diferencial no perfil pessoal e profissional.

Mas, tão importante quanto saber falar é saber ouvir. Num mundo veloz, com avalanche de informações, compromissos, cobranças e um relógio que não para de nos chamar, prestar atenção ao outro, ouvi-lo, de fato, é um grande desafio.

E ouvir é diferente de escutar. Ouvir é escutar com propósito, com objetivo. É realmente atentar-se ao processo de comunicação, olhar para o outro e fixar-se apenas no que está sendo dito por ele, sem alimentar estímulos externos a esse processo de comunicação.

Concentrar-se no outro, além de facilitar o entendimento, faz com que exerçamos a generosidade, pois ouvir o outro é ceder nossa atenção, tempo e concentração ao próximo – gesto que facilita, e muito, as relações humanas e enaltece nossa imagem.

A ansiedade, porém, é a grande vilã nesse processo de comunicação. Ela nos move sempre para o futuro e nos faz perder a oportunidade de viver o momento presente. Como posso entender o que meu interlocutor fala, como ouvi--lo, se nesse exato momento eu já me encontro projetado no amanhã, em ações futuras? Difícil, não é mesmo?

Troque a ansiedade pelo foco. Ser focado nos permite viver, interagir e tomar atitudes que dizem respeito ao presente, o que pode nos beneficiar no futuro, tenha a certeza disso.

A atenção, a acertada interpretação do que nos é dito (por meio da fala, da escrita, dos gestos, dos símbolos, etc.) também nos possibilita praticar a comunicação assertiva, tirando-nos das estatísticas daquele número enorme de pessoas que falam, falam e nada dizem. Ser assertivo é ser capaz de se expressar de maneira segura, clara e positiva, atentando-se para o que fala e como fala, responsabilizando-se pelas reações que possa causar.

Não se trata, portanto, de dizer meramente o que pensa, mas defender pontos de vista sem ter de se impor e sem agredir quem quer que seja, respeitando também a maneira de pensar do outro.

A assertividade nos faz entender que, antes de convencer o outro, temos de estar convencidos e, para isso, precisamos valorizar e respeitar nossas opiniões, além de acreditarmos ser merecedores da atenção e do entendimento do outro.

A lição maior é valorizar-se, atentar-se para suas crenças, respeitando o outro. De que forma você se acredita? Suas crenças o limitam ou o fortalecem?

E por que falar em autovalor e crenças positivas em um capítulo destinado à comunicação? Simplesmente porque nossos estados emocionais influenciam nossa comunicação.

O desequilíbrio emocional, a baixa autoestima e as crenças limitadoras nos impedem de participar do processo de comunicação, uma vez que comunicação é interação, é participar de um grupo, e a coluna dorsal do posicionamento ativo no meio em que vivermos é a segurança de se fazer presente. É ousar, criar, agir, refletir, interpretar o mundo e responder a todos os estímulos externos com um posicionamento objetivo, claro, coerente e elegante.

Outra facilidade que a boa comunicação nos oferece é exercer e melhorar nossa capacidade de negociação.

Negociar é, realmente, uma arte. É a arte do convencimento. Negociamos o tempo todo... E como convencer, como negociar o melhor período de férias, como baixar uma taxa de juros ou pedir um aumento de salário?

A base de tudo é o bom argumento. Levantar informações, certificar-se de todas as possibilidades, controlar as emoções e não entender a negociação como um embate, e sim como um ganha-ganha, são ações que facilitam o processo.

Também temos de ser resistentes a frustrações. Lidar de maneira madura com o resultado da negociação nos permite manter a positividade e a capacidade de negociar com propriedade em outras situações.

Consegue perceber o quanto a comunicação está intimamente ligada ao êxito, ao sucesso, à imagem positiva, à conquista e à durabilidade de relacionamentos que nos impulsionam para a frente?

A comunicação é uma grande aliada. Assim, vale analisar o quão fluente somos nesse processo e buscar melhorias. Devemos estar predispostos a usar a comunicação de forma efetiva.

Sermos melhores comunicadores não requer grandes investimentos. É necessário apenas o interesse em observar tudo o que está à nossa volta, interpretar o mundo, participar do processo de melhoria do nosso entorno, conversar, escrever, refletir.

Vale lembrar que comunicação é um ato de generosidade, justamente porque é realizada para o outro, com elementos de comunicação possíveis para o outro. O interlocutor é o foco, e o entendimento da mensagem, o nosso maior objetivo. Atente-se ao interlocutor, observe, ouça, use de percepção e comunique-se, assim, com eloquência.

Comunicar-se bem é viável, possível e absolutamente interessante. Quebre paradigmas e sinta o quanto a comunicação **nos empodera!**

LEVAMOS EM MÉDIA DE 60 A 90 SEGUNDOS PARA IMPACTAR ALGUÉM (BOOTHMAN, 2012), TANTO DE FORMA POSITIVA COMO NEGATIVA, E ISSO SE DÁ PRINCIPALMENTE A PARTIR DE NOSSA LINGUAGEM VERBAL E NÃO VERBAL, OU SEJA, POR NOSSAS PALAVRAS (ESCRITAS OU FALADAS); PELA VELOCIDADE, PELO VOLUME E PELA ÊNFASE DE NOSSA VOZ; POR NOSSA POSTURA; POR NOSSOS GESTOS; POR NOSSO OLHAR; POR NOSSO VESTUÁRIO; POR NOSSAS ATITUDES E POR NOSSOS COMPORTAMENTOS. PERCEBEMOS, PORTANTO, QUE A COMUNICAÇÃO É REALMENTE UMA IMPORTANTE ESTRATÉGIA PARA INFLUENCIARMOS PESSOAS.

ENTÃO, UMA DICA IMPORTANTE É USUFRUIRMOS DO PODER DA COMUNICAÇÃO PARA NOS CONECTARMOS JÁ NOS PRIMEIROS INSTANTES COM NOSSOS INTERLOCUTORES.

PENSANDO NISSO, UMA FERRAMENTA DA PSICOLOGIA QUE PODE NOS AJUDAR, SENDO BASTANTE EFICAZ PARA A MELHORIA DE COMUNICAÇÃO E, CONSEQUENTEMENTE, DE RELACIONAMENTOS, É O RAPPORT. TRATA-SE DA TÉCNICA DO ESPELHAMENTO, OU SEJA, É A CAPACIDADE DE

palavra do profissional

ADAPTARMOS O NOSSO ESTILO DE COMUNICAÇÃO AO ESTILO DA PESSOA COM QUEM ESTAMOS NOS COMUNICANDO.

ASSIM SENDO, QUANTO MAIS NOS COLOCAMOS NO LUGAR DOS NOSSOS OUVINTES, MAIS ENTENDEMOS COMO ELES SENTEM, PENSAM E AGEM, E ESTES, POR SUA VEZ, SENTEM-SE MAIS À VONTADE E MAIS RECEPTIVOS ÀS NOSSAS IDEIAS E PONTOS DE VISTA, PERMITINDO QUE RAPIDAMENTE SE ESTABELEÇA ENTRE NÓS UM SENTIMENTO RECÍPROCO DE CONFIANÇA, O QUE FACILITA O PROCESSO DE INTERAÇÃO E DE ENTENDIMENTO, GERANDO, POR FIM, UMA COMUNICAÇÃO MAIS EFETIVA E CONSISTENTE.

MARIA MÁRCIA DE OLIVEIRA LIFANTE
BACHAREL EM DIREITO, COACH, MASTER PRACTIONER EM PROGRAMAÇÃO NEUROLINGUÍSTICA, CONSULTORA DE TREINAMENTO, PALESTRANTE E DOCENTE DO SENAC TATUAPÉ DESDE 1997, NAS ÁREAS DE COMUNICAÇÃO, MOTIVAÇÃO, GESTÃO E VENDAS.

11
Vestuário e comportamento social

O vestuário e o comportamento são dois tópicos muito importantes quando falamos de gestão da sua própria imagem. Usualmente, ao encontrar com alguém ou vermos uma pessoa na rua, nosso primeiro impulso é julgá-la pela roupa que está vestindo. Porém, nem sempre o que a pessoa veste corresponde ao seu comportamento, muito menos ao seu caráter. Claro, vestir-se bem é importante, independentemente da sua condição financeira. Porém, as roupas devem ser condizentes com um comportamento adequado para todas as ocasiões – um encontro, uma entrevista de emprego, o ambiente de trabalho, uma reunião de negócios ou uma viagem, mas nem sempre é isso que acontece.

Como defende a escritora Gilka Maria, em seu texto "Ser chique: uma questão de atitude", bastante divulgado na internet, chique mesmo é valorizar o comportamento cortês e elegante no dia a dia: "o que faz alguém ser verdadeiramente chique não é o quanto uma pessoa tem, mas a forma como ela se comporta".

Para ajudar você a ser chique e definir seu próprio estilo, vestindo-se bem para todas as ocasiões e mantendo um comportamento positivo, separamos dez itens básicos, que podem ser adotados no ambiente de trabalho, no convívio social e até em âmbito familiar:

"Por favor" e "obrigado"
Falar "por favor" e "obrigado" deve ser tão automático quanto respirar. Essas simples palavras, dependendo do ambiente em que você está, podem ser uma boa maneira de iniciar um assunto, quebrar o gelo ou até mesmo resolver uma situação em determinado momento. Use essas palavras no tom adequado, sem soar exagerado ou falso, e perceba os resultados imediatos que elas podem trazer para você e para a forma como você é visto.

 Desculpar-se
Quando esbarrar em alguém ou fizer algo que incomode, lembre-se de pedir desculpas ou dizer que sente muito. Isso também se aplica a situações biológicas, como ruídos que saiam do seu corpo involuntariamente. É muito mais elegante você pedir desculpas em qualquer situação desse tipo do que deixar a si e aos outros simplesmente constrangidos.

 Cumprimentar a todos que conhecer
Cumprimente a todos com "bom-dia", "boa-tarde" e/ou "boa-noite", de preferência com um sorriso amável no rosto. Isso é válido não só para sua família e amigos, mas também para conhecidos que você encontra na rua, colegas de trabalho e até mesmo para quem você conhece pouco. Um cumprimento nunca é demais, pelo contrário, demonstra elegância. Se não obtiver resposta, não fique frustrado – nem sempre o outro estará aberto ou receptivo. Faça a sua parte.

 Respeitar os mais velhos
Respeitar os locais de sinalização destinados aos mais velhos é primordial. Abrir portas, ceder cadeiras e ser gentil com pessoas idosas ou mais experientes é um ato de valiosa educação. Na dúvida, não julgue a idade, simplesmente seja educado com o outro, em todas as ocasiões.

Agradecer sempre que necessário

Ser grato, mesmo ao receber um presente do qual não gostou, é indispensável. Retribua com uma mensagem via redes sociais, com um e-mail, ou, melhor ainda, com um telefonema. Com tanta tecnologia que temos na atualidade, esquecemos que uma ligação às vezes é muito mais valiosa do que um texto, um áudio ou qualquer arquivo pré-editado por aplicativos.

Não interromper diálogos

Quando alguém estiver falando, procure não interromper até que ela termine. Aguarde seu momento de falar. A forma mais adequada de interromper, caso necessário, é pedir com licença, educadamente. Certamente alguém vai ouvi-lo e dar voz à sua necessidade. Caso seja a pessoa a ser interrompida e não possa atender, busque sinalizar educadamente, com "só um minuto, já lhe dou a palavra" ou "preciso terminar meu raciocínio ou minha defesa". Isso se aplica para qualquer situação, de âmbito profissional ou familiar.

Cumprir o combinado

Se for atrasar, comunique. Se for desmarcar, comunique. Independentemente do seu compromisso, seja uma reunião de negócios, seja uma consulta médica, ninguém sabe de sua desistência ou do seu atraso. Se eles forem comunicados, poderão readequar a agenda. Claro que existem exceções, como doenças ou emergências – nesse caso, o anfitrião deve ser avisado sobre sua necessidade de se ausentar. Não se esqueça também de que, em situações sociais, caso vá levar um acompanhante, é necessário pedir autorização para fazê-lo ou comunicar antes. É muito deselegante chegar a um evento, a uma reunião ou a um encontro com mais pessoas do que o previsto. Quem vai receber pode não estar preparado para a quantidade de pessoas excedentes.

Saber se apresentar

Em situações de negócio, saiba se apresentar quando estiver sozinho: diga sempre seu nome, sobrenome e empresa para qual trabalha (ou cargo, se for autônomo). Se estiver acompanhado, não se esqueça de apresentar as pessoas que estiverem com você, mesmo que não lembre o nome delas. Apresente-se e faça uma menção para que as demais façam o mesmo. Em uma roda de pessoas, isso pode auxiliá-lo a sair do constrangimento de não lembrar do nome de outra pessoa.

Olhar nos olhos

Olhar no olho nunca é demais, principalmente porque cada vez mais as pessoas não fazem isso. Essa atitude transmite confiança e evita prejulgamentos sobre você. É muito desagradável conversar com alguém não olhando nos olhos da pessoa ou com você focado no celular. Hoje é nítido observar nas mesas de restaurante ou de reunião que todos estão concentrados nos seus aparelhos e pouco presentes na conversa. Saiba ensinar as pessoas a modificar esse comportamento, convidando-as a virar seus celulares e focarem no tema que está sendo conversado. Caso seja você a pessoa que precisa atender a uma ligação ou responder a um e-mail, peça licença para resolver uma emergência, saia da sala ou do ambiente e resolva.

Não falar palavrões ou gírias em excesso

Seja qual for sua formação, procure não falar palavrões ou gírias em excesso. Você não sabe como o outro pode se sentir recebendo essa informação. Hoje, vivemos uma realidade em que as pessoas gritam, xingam e buzinam em engarrafamentos. Não seja você um exemplo disso para os outros, pelo contrário: contribua para um mundo melhor. Como? Basta seguir essa dica e todas as anteriores, e você estará fazendo a sua parte.

O VESTUÁRIO

Apesar deste capítulo ter começado abordando esse tópico, o comportamento foi abordado primeiro de propósito. Não adianta você sair de casa limpo, perfumado, elegante, de barba feita, cabelo cortado e/ou com uma boa maquiagem, e demonstrar um comportamento deselegante. Suas atitudes devem estar integradas a seu vestuário, conforme falamos anteriormente. As roupas que você veste são importantes na constituição da sua imagem, mas se não forem acompanhadas de uma educação primorosa, é o mesmo que uma caixa de presente muito bonita por fora, mas vazia por dentro.

Tomando por base o contexto brasileiro, considerando clima e comportamento cultural, separamos dicas básicas para mulheres e homens que querem se vestir bem, adaptando seu vestuário para o clima tropical que vivemos. Nosso país tem temperaturas as mais variadas, com predominância do calor, o que por si só pede algumas adaptações. Exageros, porém, podem ser malvistos e, devido à variação de clima, é importante sempre sair com uma roupa que possa ser adaptada facilmente. É nesse tópico que vamos nos concentrar – caso esteja buscando aprofundar-se sobre o tema, recomendamos os livros *Moda sob medida: guia prático de moda para a vida real* (moda feminina) e *Imagem masculina* (moda masculina), ambos publicados pela Editora Senac São Paulo.

Dicas para **mulheres**

Hoje é possível encontrar diversos cortes de roupa adequados a seu tipo de corpo e looks que podem ser construídos ou desconstruídos de acordo com o clima ao longo do dia. Muitas lojas já vendem peças que têm esta funcionalidade e permitem que a mulher fique elegante o dia todo. Porém, caso não possa investir nessas peças multiuso, a dica básica é a combinação saia-lápis abaixo do joelho e meia-calça em dias que começam com temperaturas frias.

Caso a temperatura aumente ao longo do dia, facilmente você poderá retirar a meia-calça e utilizar a saia com elegância, em qualquer ambiente. Se o frio voltar, ou se você tiver outro compromisso à noite, basta vestir as meias novamente.

A mesma regra vale caso você queira usar calças – use meia-calça por baixo em dias frios e retire-as caso a temperatura suba. Se necessário, leve um par sobressalente na sua bolsa.

Para combinar com a saia, procure utilizar uma camisa de algodão, sem decotes, não transparente, acompanhada de um casaco elegante, porém leve, que possa ser facilmente guardado em caso de calor. Os lenços também são uma boa opção como proteger-se do frio e podem ser facilmente carregados.

Esse foi apenas um exemplo para as mulheres, que pode ser adaptado a outros formatos, como calças leves, com meias por baixo.

Dicas para **homens**

Saber comprar um terno adequado, com um bom corte, adaptado ao clima tropical do Brasil, com tecidos leves e que permitam a transpiração, é a melhor alternativa para homens. Se for possível investir em um alfaiate que faça seu guarda-roupa básico, adaptado às suas medidas, melhor ainda. Muitos profissionais realizam esse trabalho por custos similares aos de lojas de departamento. Isso permitirá a você estar sempre elegante, com camisas ajustadas a seu corpo da maneira correta, com punhos que permitam o uso de abotoaduras e um colarinho adequado à altura do seu pescoço. O mesmo profissional também poderá garantir calças com cintura sob medida e barras na altura correta.

Uma outra alternativa para homens que trabalham com roupas sociais é buscar os chamados tecidos inteligentes, que não amassam e permitem a transpiração natural do corpo, evitando marcas de suor em dias quentes. Pesquise sobre os materiais que bloqueiam e os que potencializam a sudorese. O casaco de terno, usado como obrigatório por algumas profissões, pode perfeitamente ser retirado em caso de calor e recolocado em ambientes climatizados, sem prejudicar a sua imagem. Se a camisa for bem alinhada, em algumas situações, é possível até mesmo dispensá-lo durante todo o dia – exceto em eventos cuja exigência seja o *black tie*. Busque o bom gosto e o bom senso sempre. Assim, estar elegante fará parte do seu dia a dia naturalmente.

palavra do profissional

O CONCEITO DE IMAGEM É ALGO PODEROSO, QUE PODE FAZER UM PROFISSIONAL ALCANÇAR NÍVEIS MAIS ALTOS EM SUA CARREIRA, PODENDO INCLUSIVE EMITIR MENSAGENS IMPORTANTES SOBRE COMO ELE QUER SER PERCEBIDO NO AMBIENTE CORPORATIVO!

HOJE EM DIA, OS PROFISSIONAIS PRECISAM ESTAR PREPARADOS PARA AS NECESSIDADES DA EMPRESA. COSTUMO DIZER QUE, MUITAS VEZES, TEMOS NAS ORGANIZAÇÕES O MESMO PRODUTO, COM PREÇOS SIMILARES E QUALIDADES IGUAIS, MAS A DIFERENÇA ESTÁ NO PROFISSIONAL.

AS EMPRESAS BUSCAM PROFISSIONAIS QUE AS REPRESENTEM, QUE SEJAM O SEU CARTÃO DE VISITA, CUJA IMAGEM POSSA SER RELACIONADA À IMAGEM DELAS, ISTO É, QUE EXISTA UMA UNIDADE ENTRE A ORGANIZAÇÃO E O PROFISSIONAL.

COM O MERCADO DE TRABALHO CADA DIA MAIS COMPETITIVO, CADA PROFISSIONAL SE TORNA SUA PRÓPRIA EMPRESA, OU SEJA, A DIFERENÇA TEM DE ESTAR NO ATENDIMENTO, NO CONHECIMENTO E NA IMAGEM.

"

A IMAGEM PESSOAL É UMA ASSOCIAÇÃO DE PONTOS FORTES QUE VOCÊ REVELA: AUTOESTIMA, CONFIANÇA, CREDIBILIDADE E PROFISSIONALISMO. É UMA ESCOLHA PESSOAL, MOSTRA O QUE FOI CONSTRUÍDO AO LONGO DOS ANOS, A PARTIR DE SUAS CARACTERÍSTICAS INDIVIDUAIS, E DÁ PISTAS SOBRE QUEM VOCÊ É.

COMO SOMOS VISUAIS, NOSSA LEITURA SOBRE O OUTRO TAMBÉM É VISUAL! A MANEIRA DE SE VESTIR, DE FALAR E TANTOS OUTROS ATRIBUTOS PESSOAIS DEMONSTRAM O QUANTO SE IMPORTA COM A EMPRESA EM QUE TRABALHA, COM SUA EQUIPE, COM SEUS FORNECEDORES E, PRINCIPALMENTE, COM SEUS CLIENTES.

O DRESS CODE TRANSPASSA APENAS VESTIR UM UNIFORME OU COMBINAR CORES E SEUS TONS. SIM, É IMPORTANTE UMA ROUPA BONITA, BEM-CUIDADA E APROPRIADA, PORÉM A QUESTÃO NÃO É APENAS SOBRE O QUE EXATAMENTE SE ESTÁ VESTINDO, E SIM PARA O QUE SE VESTIU, PARA O QUE SE PREPAROU VISUALMENTE!

ELE É UMA SOMATÓRIA DE AUTOESTIMA, CUIDADOS PESSOAIS E HIGIENE, ELEGÂNCIA, DISCERNIMENTO DE OCASIÃO, POSTURA, ATITUDE, BOM HUMOR, EXCELÊNCIA, CAPACIDADE, ELOQUÊNCIA E MUITO ENTUSIASMO.

palavra do profissional

ALÉM DE OUTROS PONTOS POSITIVOS QUE VOCÊ UNE DO SEU PERFIL PESSOAL AO PROFISSIONAL.

ATUALMENTE, EXISTEM VÁRIOS PROFISSIONAIS QUE PODEM AUXILIAR NESSE QUESITO, CONHECIDOS POR ALGUNS NOMES COMO CONSULTOR DE IMAGEM, COACHING DE IMAGEM, ANALISTA DE DRESS CODE, PERSONAL STYLIST CORPORATIVO E OUTROS MAIS.

ENTÃO, PENSE NO QUANTO VOCÊ PODE SE APRIMORAR E FORTALECER SUA IMAGEM PESSOAL, PARA FAZER A DIFERENÇA NO SEU AMBIENTE PROFISSIONAL!

ADRIANA MASILI
CONSULTORA DE IMAGEM PESSOAL E EMPRESARIAL HÁ MAIS DE QUINZE ANOS, EMPRESÁRIA DO SETOR TÊXTIL, FORMADA EM ADMINISTRAÇÃO DE EMPRESAS E PÓS-GRADUADA EM MARKETING PELA UCF – FLÓRIDA.
REALIZA PALESTRAS SOBRE IMAGEM, MODA, COMPORTAMENTO, ESTILO E DRESS CODE.
HTTPS://ADRIANAMASILI.WORDPRESS.COM/
INSTAGRAM: @ADRIMASILI

12

A inteligência social
no trabalho

O conceito de inteligência pode ser entendido, de maneira simples, como a capacidade de absorver informações e relacionar conhecimentos para a solução de problemas. Mas, se definir inteligência não é tarefa das mais fáceis, imagine quantificá-la.

No início do século XX, a inteligência passou a ser mensurada por um teste de QI (quociente de inteligência), que considerava apenas dois aspectos: lógico-matemático e linguístico.

Já na década de 1980, o psicólogo Howard Gardner, em seu livro *Inteligências múltiplas – a teoria na prática*, apresentava ao mundo sua teoria sobre a existência de diferentes tipos de inteligências:

1. Inteligência linguística
relacionada à habilidade de usarmos adequadamente a linguagem.

2. Inteligência musical
habilidade de perceber sons, ritmos, timbres, etc.

3. Inteligência lógico-matemática
habilidade de lidar com o raciocínio, reconhecer problemas e resolvê-los.

Inteligência espacial
habilidade que se tem de, mentalmente, pensar formas e objetos e o espaço que ocupam, de maneira abstrata. Capacidade para perceber o mundo visual e espacial de forma muito precisa.

Inteligência cinestésica
habilidade que se tem para usar a coordenação grossa e fina em esportes, artes cênicas e plásticas. Também relacionada à habilidade de controlar os movimentos do corpo.

Inteligência interpessoal
habilidade de se relacionar com pessoas, entender e responder a temperamentos e humores dos outros.

Inteligência intrapessoal
habilidade de se relacionar consigo mesmo e também de reconhecer necessidades, desejos e habilidades pessoais.

Mais tarde, o mundo conheceu mais uma teoria que causou grande impacto nas relações humanas e, principalmente, no trabalho: a teoria da inteligência emocional, apresentada pelo psicólogo americano Daniel Goleman.

Goleman trouxe para o mundo corporativo a comprovação de que o homem é um ser emocional também, e que o melhor profissional é aquele que traz em si o equilíbrio entre razão e emoção.

Para Goleman (1996), inteligência emocional é a habilidade de lidar com as nossas próprias emoções. Para desenvolver tal habilidade, o autor propõe cinco mandamentos:

Autoconhecimento

conhecer a si mesmo, entender-se como um ser único e cheio de características próprias, algumas positivas e outras nem tanto. Fazer a viagem ao fundo do ego e apresentar-se a si mesmo, conhecer cada passo dado na vida e o aprendizado amealhado pelo caminho. O autoconhecimento nos propicia a interessante sensação de se saber único, especial, vivo e em constante mutação e crescimento.

Autocontrole

reconhecer os estímulos que o cérebro nos envia quando estamos no limite para perder o controle sobre nossas emoções. Atentar-nos às nossas reações e reconhecê-las são etapas de suma importância para alcançarmos o controle emocional. Observe que, em situações de raiva, adquirimos uma força absurda, pois o cérebro encaminha o sangue para os braços, o que nos dá a sensação e força. Já em situações de risco ou medo, nosso sangue é bombeado para as pernas e corremos muito (ou travamos)... Quando estamos impacientes e inquietos, andamos de um lado para o outro... Sinais que o corpo nos envia... e como responder a eles? Em primeiro lugar, prestando atenção aos sinais e, é claro, contando até dez, para dar tempo de refazer o caminho, repensar e dar um passo atrás, para administrar melhor a situação.

Automotivação
a possibilidade de encontrarmos motivação em nós mesmos, mantendo a chama interna acesa, superando os obstáculos promovidos pela vida. É preciso positivar nossas atitudes, independentemente de recompensa externa.

Empatia
essa incrível capacidade de se pôr no lugar do outro e conseguir compreender suas emoções, seus pontos de vista. Essa competência pode nos ajudar a resolver situações adversas, considerando e entendendo o posicionamento do outro, agindo com otimismo e imparcialidade.

A arte das gentilezas
pode parecer estranho, mas ser gentil diz respeito, sim, à inteligência emocional, justamente porque uma pessoa desequilibrada emocionalmente não terá condições de reconhecer a importância do outro e, de fato, só somos gentis quando percebemos a importância do outro em nossas vidas e passamos a zelar pelo seu bem-estar.

É inteligente emocional aquele que é otimista, determinado e resiliente diante dos obstáculos. A criatividade também é marca registrada do inteligente emocional. O criativo se distancia do problema para poder resolvê-lo.

O bom humor, o sorriso e a intuição também devem ser explorados por todos que quiserem melhorar o seu QE (quociente emocional) e, assim, viver melhor.

Em âmbito corporativo, podemos constatar a absorção e validação do conceito de inteligência emocional observando os processos seletivos. Antes, o candidato era submetido a uma série de testes de português, matemática e conhecimentos gerais; hoje, para a conquista de um emprego, o candidato é submetido a outras provas, capazes de mostrar o seu QE, ou seja, a sua capacidade de administrar suas emoções. Um tipo de teste muito utilizado é a dinâmica de grupo, na qual o candidato é observado pelas suas atitudes, pelo seu comportamento emocional, pela maneira como se relaciona com os outros.

A alavanca que provocou essa mudança foi a necessidade de se trabalhar em equipe, ou seja, de se relacionar com as pessoas de uma maneira mais próxima.

O QI pode ser medido por testes e, estabelecido seu percentual, esse número não muda no decorrer da vida. Já o QE não pode ser mensurado por testes oficiais, mas é fato que ele pode (e deve) mudar no decorrer da vida.

Podemos observar que o QI abre as portas de uma empresa e possibilita a conquista da vaga, mas o que vai mantê-lo no emprego é a inteligência emocional.

Não adianta ter uma inteligência sobrecomum se a pessoa vive mal-humorada, é desequilibrada emocionalmente e apresenta dificuldades de se relacionar com as pessoas.

Por outro lado, desenvolver nossa inteligência emocional pode nos proporcionar o equilíbrio tão necessário para que atinjamos a paz e o sucesso, em todos os seus aspectos.

O funcionário que tem uma inteligência emocional privilegiada trabalha em time, em conjunto com outros funcionários, sabe se relacionar, sabe da importância do outro para a execução e o sucesso de seu próprio trabalho. Ele gosta do que faz e entrega-se ao trabalho, sem, porém, escravizar-se.

Um trabalhador que nos finais de semana se regozija num passeio com a família e se entrega a uma partida de futebol não é menos produtivo do que um workaholic, pelo contrário. Aquele que vive para o trabalho torna-se repetitivo e enfadonho e, com o tempo, seu trabalho denotará seu estado de espírito.

Conseguimos notar em nossa rotina o peso de administrar relacionamentos profissionais difíceis, equipes desgastadas e desmotivadas, e o quanto tais aspectos contribuem para a baixa qualidade da produção.

Vivemos cansados, estressados e muitos profissionais já apresentam delicada saúde psicológica, dada a instabilidade emocional. Afastamentos por depressão, síndrome do pânico e síndrome de burnout (estafa profissional) são cada vez mais comuns.

É bastante cansativo ter de lidar com tempestades emocionais o tempo todo. O ambiente fica pesado e os relacionamentos travados, afinal, quem gosta de lidar com pessoas que vivem mal-humoradas, falam alto, esbravejam por qualquer coisa?

Como a cada dia as equipes de trabalho são menores, tem-se trabalhado muito com projetos, que nos deslocam para equipes diferentes o tempo todo, daí a necessidade de melhorarmos nossa capacidade emocional.

É muito bom sermos tratados de forma cortês por outras pessoas, e isso só é possível quando tratarmos os outros com gentileza, com respeito, com cordialidade e com carinho.

A emoção equilibrada, somada ao conhecimento técnico, faz de qualquer pessoa um profissional de sucesso e uma pessoa feliz.

Porém, em pleno século XXI, com a avalanche de mídias sociais e com o enfraquecimento das relações humanas, o mundo sucumbe às telas e se esquece do calor humano, da troca, da sensibilidade e do afeto.

Viver em sociedade está muito difícil (ainda há vida em sociedade?). Observamos as pessoas em suas bolhas, iludidas com aparência e postagens felizes, prestando contas à sociedade de seus atos quando, na verdade, o que se constata é a solidão e o crescimento vertiginoso de doenças psicossociais.

O relacionamento humano tornou-se superficial e distante, porém, é da natureza humana querer sentir-se amado, respeitado. Queremos ser ouvidos, acarinhados. Mas o momento nos presenteia com almoços em que os celulares "sentam à mesa" e os olhos não se cruzam mais. A atenção está voltada para tudo o que está acontecendo no mundo, menos para aquele encontro. Nas reuniões familiares, à chegada, a primeira pergunta é: Qual a senha do *wi-fi*?", ou seja, "eu vim, mas não vim"... "Estou aqui, mas estou atento ao mundo"...

Esse cenário provocou a necessidade de considerarmos mais um tipo de inteligência, a inteligência social.

O pensador e futurista da administração atual Karl Albrecht (2006) revela como a inteligência social (percepção, consciência situacional e técnicas de interação) é importante para o sucesso, no trabalho e na vida.

É emergencial que as pessoas consigam oxigenar seus relacionamentos interpessoais. Torna-se essencial que o ser humano considere o outro, influenciando-o positivamente, e consiga trabalhar em equipe de maneira saudável e agradável.

A inteligência social nos possibilita interagir, compreender e influenciar, positivamente, quem está à nossa volta, a partir do uso da empatia para construirmos relacionamentos pautados pelo respeito, para sermos capazes de superar diferenças. É exatamente por isso que a inteligência social e a inteligência emocional são interdependentes. Para desenvolver as habilidades sociais é necessário ter uma boa inteligência emocional.

Ao darmos a devida importância à inteligência social, tornamos mais fácil o desafio de entender o outro, saber ouvir, administrar conflitos e situações adversas, comunicar-se com clareza, liderar com competência.

Para tanto, precisamos saber lidar com as nossas emoções (essencial) e com as emoções dos outros. Dessa forma, saberemos reagir às mais diversas situações de maneira adequada.

COMO PARTE CONSIDERÁVEL DA POPULAÇÃO BRASILEIRA, INTEGRO UM GRUPO DE PESSOAS QUE ENFRENTA INÚMEROS DESAFIOS, DIARIAMENTE, BUSCANDO REALIZAR TAREFAS PROFISSIONAIS. TUDO PORQUE, COMO JORNALISTA E COMUNICADORA, NOTO SER FUNDAMENTAL O ENTENDIMENTO DE "COMO A SOCIEDADE RECEBE UMA INFORMAÇÃO QUE SE PRETENDE DIVULGAR". É A FAMOSA HISTÓRIA DE SABER "SE COLOCAR NO LUGAR DO OUVINTE, LEITOR E/OU SEGUIDOR".

NESSE CONTEXTO RELACIONO A DENOMINADA INTELIGÊNCIA SOCIAL, ATÉ PORQUE, AO DAR ANDAMENTO A CADA NOVA TAREFA, É PRECISO ENTENDER AO MÁXIMO COMO AFLORAM AS EMOÇÕES, OS IMPULSOS E OS MAIS VARIADOS SENTIMENTOS MANIFESTADOS POR AQUELES QUE, DE ALGUMA FORMA, SÃO ENTREVISTADOS OU CONSULTADOS PARA ENCORPAR CADA MATÉRIA OU ARTIGO PROPOSTO. CONSIDERO, AINDA, QUE, AO CONTROLAR MANIFESTAÇÕES OU EMOÇÕES EVENTUALMENTE APRESENTADAS DAS FORMAS MAIS DIVERSAS E ATÉ SURPREENDENTES ENTRE UMA ENTREVISTA E OUTRA, É PRECISO MESMO ENTENDER A IMPORTÂNCIA DESSE TEMA NOS DIAS DE HOJE, CADA VEZ MAIS VELOZ E EXIGENTE

palavra do profissional

QUANDO SE TRATA DA INFORMAÇÃO E DE
SUA CONSEQUENTE DIVULGAÇÃO.

AO LER O CAPÍTULO 12, PUDE REVER ALGUMAS SITUAÇÕES
COMUMENTE APRESENTADAS NESSE AMBIENTE PROFISSIONAL.
ENTENDO QUE O PODER DA COMPREENSÃO E DA
MANUTENÇÃO DE RELAÇÕES PROFISSIONAIS SAUDÁVEIS SÃO
ESSENCIAIS EM FAVOR DO BOM ANDAMENTO DE AÇÕES OU
TAREFAS, SEJAM ELAS COTIDIANAS, SEJAM ESPORÁDICAS.

CONCLUO QUE É CADA VEZ MAIS PERTINENTE FAZER VALER
AS EMOÇÕES, MAS COM ABSOLUTO EQUILÍBRIO, DE MODO
QUE A IMAGEM PROFISSIONAL SEJA PROJETADA PARA A
SOCIEDADE DE UMA MANEIRA POSITIVA, REAL E EMPÁTICA.

ROSA BUCCINO
JORNALISTA, PRODUTORA DE CONTEÚDO DIGITAL
E ASSESSORA DE IMPRENSA. ATUOU DURANTE
15 ANOS COMO EDITORA-CHEFE DE REVISTAS
ESPECIALIZADAS NACIONAIS, NOS SEGMENTOS
DE ARQUITETURA, ARTES PLÁSTICAS, DESIGN,
BELEZA, EVENTOS, MODA, NEGÓCIOS E SAÚDE.

13

Foco, determinação e automotivação: sucesso, aí vou eu!!!

O mundo nos estimula diariamente com milhões de informações. A todo momento somos bombardeados com notícias, pedidos, prazos. Temos em nossa *timeline* milhares de amigos nos solicitando e também gerando notícias.

O simples gesto de sentarmos à frente do computador para escrevermos um artigo para uma revista ou finalizar um trabalho a ser entregue na faculdade já consiste num esforço hercúleo, pois a todo instante somos chamados a participar do mundo, principalmente do mundo virtual.

E, então, perdemos o foco. Estamos perdendo a capacidade de nos dedicarmos a uma única atividade, de reservarmos um momento para nós mesmos.

Estímulos externos nos limitam. Não que não seja importante participarmos ativamente e sabermos do que acontece no mundo, mas e o nosso mundo? E nossos projetos de vida, nosso aprendizado, nossas reflexões (que geram nossas mudanças)?

Foco é a visão de um objetivo bem definido, a nitidez de uma imagem, o centro e o ponto de convergência. É o alvo.

Quando usamos a expressão "fora de foco", estamos nos referindo a uma imagem sem nitidez, embaçada, ou que estamos fora da real prioridade.

Ter foco, então, é ter um objetivo. Fazer planejamentos, ser organizado e persistir para alcançar metas a fim de obter o que se quer. Portanto, o primeiro passo para alcançarmos a realização e o sucesso é o foco.

Temos de definir nossos objetivos, planejar, estabelecer estratégias e persistir. Querer e se manter no foco. Determinar a trajetória e a conquista. Precisamos ser obstinados.

Desistir é uma palavra que vamos riscar do nosso dicionário. Em nosso pensário há objetivos, há mapa de competências, há inteligência equilibrada. E há também a determinação. Não vamos sucumbir às distrações e ao pessimismo, não é mesmo?

E como fazer para trilhar caminhos tão ásperos e com tanta dificuldade? A palavra é automotivação.

Veja, não estamos falando em motivação (motivo para a ação), pois a motivação só existe quando há estímulos externos... e já não podemos esperar que ações externas nos movam – depender de aumento de salário, reconhecimento, ambiente agradável para prosseguirmos nossa caminhada rumo ao sucesso pessoal e profissional é muito arriscado. Estamos empoderando o outro. Precisamos buscar motivação em nós mesmos, ou seja, termos automotivação.

A primeira chama da automotivação é o objetivo. Quando temos objetivos concretos, determinados e com prazos para acontecer, temos também o compromisso de realizá-los.

Um bom exercício é observarmos a pirâmide de Maslow, que estabelece a hierarquia das necessidades humanas e que é muito utilizada para ilustrar o que motiva o homem:

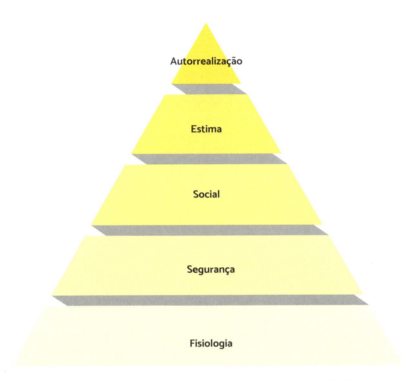

Autorrealização – moralidade, criatividade, espontaneidade, solução de problemas, ausência de preconceito, aceitação dos fatos.

Estima – autoestima, confiança, conquista, respeito dos outros, respeito aos outros.

Social – amizade, família, intimidade sexual.

Segurança – segurança do corpo, do emprego, de recursos, da moralidade, da família, da saúde, da propriedade.

Fisiologia – respiração, comida, água, sexo, sono, homeostase, excreção.

Já a automotivação promove a inversão da pirâmide, mostrando que, quando o que nos move é a paixão pelo que fazemos – nossa luz interior, nossos motivos internos para realizar –, o impulso é muito maior, pois ele nasce de dentro de nós e é alavancado por nossas forças internas, nossos desejos e vontades. Assim, chegar ao topo (ao nosso topo, à nossa realização) fica muito mais prazeroso e fácil.

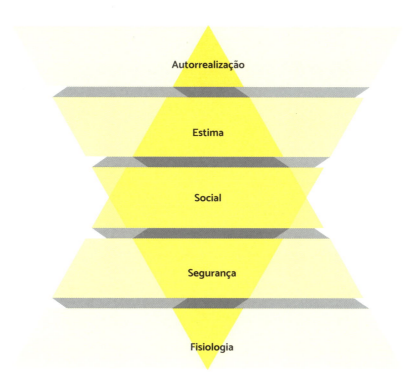

A realização de objetivos aumenta nossa autoestima, mostra que somos capazes de conquistar e de atingir metas, e isso é muito positivo.

Na medida em que a automotivação nos impulsiona, nos faz apostar no dia a dia, nos dá forças para seguir adiante, as conquistas chegam e nos sentimos mais fortalecidos para maiores desafios. A roda da vida é assim. Objetivo, automotivação, conquistas, valorização de nós mesmos, novas forças e conquistas.

Sucesso, aí vamos nós!

VOCÊ JÁ DEVE TER ESCUTADO QUE "IDEIA NO PAPEL NÃO VALE NADA", NÃO É MESMO? E ISSO É MUITO REAL, POIS VOCÊ DEVE TER NO SEU COMPUTADOR, CELULAR OU TABLET UM DOCUMENTO COM UM MONTE DE IDEIAS, PROJETOS, PLANOS, COISAS QUE VÃO REVOLUCIONAR O MUNDO... MAS QUE ESTÃO PARADAS LÁ FAZ ALGUM TEMPINHO.

SIM, EU CONCORDO COM VOCÊ QUE TIRAR IDEIAS DO PAPEL NÃO É TAREFA SIMPLES, REQUER PLANEJAMENTO, TEMPO, DEDICAÇÃO E, ANTES DE MAIS NADA, QUE ELAS ESTEJAM NO PAPEL.

MAS TEM UMA TÉCNICA QUE PODE AJUDÁ-LO A FAZER DISSO UMA REALIDADE. OS AUTORES FALAM, NESTE CAPÍTULO, SOBRE FOCO, DETERMINAÇÃO E AUTOMOTIVAÇÃO. TODOS ESSES SÃO FATORES MUITO IMPORTANTES PARA ATINGIR OBJETIVOS E RESULTADOS, PESSOAIS OU PROFISSIONAIS, E ISSO, QUE TANTO NOS TRAZ SATISFAÇÃO E REALIZAÇÃO PESSOAL, EXIGE PLANEJAMENTO, CALMA E PRUDÊNCIA. E É EXATAMENTE O QUE QUERO PROPOR AGORA A VOCÊ: TRAÇAR UM PLANO!

PLANEJAR É MUITO IMPORTANTE, POIS NOS AJUDA A PÔR EM PERSPECTIVA O TEMPO PARA ATINGIR DETERMINADO OBJETIVO. E SABER O TEMPO QUE VAI LEVAR NOS ESTIMULA A MANTER O RITMO, O FOCO E DAR UM PASSO DE CADA VEZ.

palavra do profissional

COMECE COM UMA FOLHA NA HORIZONTAL E DIVIDA-A EM TRÊS PARTES. COLOQUE NA PRIMEIRA COLUNA (DA ESQUERDA) ONDE ESTOU, NA TERCEIRA (DIREITA) ONDE QUERO CHEGAR, OU O QUE QUERO ATINGIR, E NA DO MEIO, O QUE É PRECISO FAZER PARA CHEGAR LÁ. ESSE SIMPLES EXERCÍCIO VAI MOSTRAR A VOCÊ O COMEÇO, O MEIO E O FIM DA HISTÓRIA, AJUDANDO-O A PÔR TUDO EM PERSPECTIVA. TRATA-SE DE UM EXCELENTE PONTO DE PARTIDA PARA UM PLANEJAMENTO MAIOR, MAIS DETALHADO E MAIS ELABORADO.

DETALHAR TODAS AS ETAPAS DO PROCESSO NOS AUXILIA A CONSEGUIR REORGANIZAR O QUE É NECESSÁRIO, A ENCONTRAR PARTES QUE FALTAM E, PRINCIPALMENTE, A DAR UM PASSO DE CADA VEZ. CORTAR ITENS DA LISTINHA (OU DO PLANO) NOS MOSTRA QUE ESTAMOS AVANÇANDO E QUE O FIM ESTÁ CADA VEZ MAIS PRÓXIMO. ENXERGAR ISSO, PARA UMA GERAÇÃO ANSIOSA E IMEDIATISTA, PODE SER FATOR DETERMINANTE PARA CONSEGUIR TIRAR IDEIAS DO PAPEL E TRANSFORMÁ-LAS EM PROJETOS CONCRETOS.

PEDRO PROCHNO
COFUNDADOR E RELAÇÕES PÚBLICAS DE TODO MUNDO PRECISA DE UM RP E GERENTE DE COMUNICAÇÃO DA UBER
HTTP://BLOGRP.TODOMUNDORP.COM.BR/AUTHOR/PROCHNO/

14
Relações públicas:
o gerenciamento da comunicação

Ao pensar no cuidado com a imagem, não podemos esquecer que há um profissional especialista nesse assunto, o relações públicas – ou RP. Responsável pela imagem de pessoas e instituições, é ele quem gerencia as informações de seus clientes, comunicando ao mercado o que considera adequado, tendo em conta o que o seu cliente deseja transmitir, o contexto, o público e sua visão de mercado.

O relações públicas é um profissional estratégico, que integra e liga os pontos, fazendo com que os relacionamentos nas empresas e seus públicos sejam mais harmoniosos. Com a ajuda dele é possível vender mais, pois todo cliente deve conhecer, admirar e desejar seu produto ou serviço.

Em âmbito social ou administrando a sua própria vida, o RP tem todas as suas relações muito bem pontuadas, atualizadas e organizadas, o que lhe permite um "abrir porta" a seus clientes bem mais rápido.

Ele não faz o trabalho dos jornalistas, não substitui as brilhantes ideias dos publicitários ou do marketing, mas integra conteúdo e propaganda, por meio de ações de relacionamento, como eventos, assessoria de imprensa, comunicação interna, gestão de crises, imagem na internet, relações governamentais e até mesmo cerimonial. Ou seja, o RP é um profissional generalista e com uma leitura mais ampla do cenário da comunicação.

A partir da atuação dele é possível trabalhar a relação da sua empresa e de seus negócios com todos os seus públicos, aplicando as soluções mais adequadas a cada um. Ele age como um conector, agregador, observador, multifunções, e deve ser dinâmico e facilitador. Podemos dizer que é esse profissional quem faz a roda da comunicação girar e acontecer.

Todo mundo precisa de um RP. Ele é o profissional que vai fazer você ou sua marca se comunicar melhor, ajudando a construir uma boa reputação e cuidando de sua imagem. Assim você pode se dedicar ao seu negócio, enquanto seu RP se dedica à comunicação.

O RP, em sua essência, está ligado mais a uma atitude generalista na comunicação do que a um cargo fechado, com funções delimitadas. Eles se apresentam de forma e atitude diretas: você pode conhecê-lo exercendo o papel de um cerimonial de eventos, demonstrando um planejamento, gerenciando crises ou mudando a imagem de uma empresa ou indivíduo. Ele pode ser visto também fazendo comunicação para órgãos públicos, mediando conflitos internos e externos. Infelizmente, o Brasil ainda não valoriza o RP como deveria, por isso cada vez mais é necessário explicar e entender o papel que ele exerce.

O cenário se torna pior ainda quando, olhando para o mercado atual, encontramos muitas pessoas que se passam por relações públicas. Procure averiguar corretamente: não é porque ele tem contatos, está bem vestido e é conhecido, que é o RP da pessoa ou da marca. Ao contratar um profissional para essa função, verifique sua graduação, além da sua experiência ou *expertise*. É comum encontrarmos profissionais de comunicação, jornalistas e até mesmo publicitários exercendo essa função, mas nesses casos seu cargo recebe classificações como gerente de comunicação corporativa ou similares, e os profissionais exercem outras funções, também generalistas, mas de peso diferenciado. Por isso, caso algum profissional se apresente a você como um RP, tenha certeza de sua formação.

Hoje, no Brasil, existem mais de oitenta universidades públicas e privadas que oferecem o curso superior de relações públicas, reconhecido pelo MEC. Porém, somente uma organização no Brasil promove uma semana voltada para esse tema – que, no ano de 2017, está realizando a sua quarta edição.

Um profissional de RP tem de estar alinhado, atualizado e antenado tanto em relação a informações globais como àquelas que fazem parte da área específica na qual ele atua. Por exemplo, se ele trabalha para pessoas ou celebridades, precisa saber a respeito dessa área, da mesma forma que um RP da indústria médico-hospitalar tem de conhecer esse setor de negócio e suas implicações. Esse profissional abrange uma amplitude do todo da comunicação e deve também ser capaz de fazer conexões entre áreas, uma vez que ele pode ser a qualquer momento indagado sobre um assunto mais generalista e deve saber falar o mínimo a respeito e, até mesmo, eventualmente, fazer conexões com o seu ramo de negócio.

O verdadeiro profissional de relações públicas deixa sempre o cliente aparecer e não o utiliza para sua autopromoção. Se o RP aparece mais do que o cliente ou a marca, algo está errado. Um profissional que se comporte assim provavelmente vai durar pouco tempo no mercado em razão de sua postura antiética. É preciso humildade!

Um bom profissional de relações públicas sabe fazer uma boa gestão da sua imagem, tem um plano de carreira formatado e um bom network, tudo isso alinhado a uma excelente apresentação pessoal, que harmoniza o que ele veste com a forma como ele se comporta. Um RP, antes de cuidar da marca de outras pessoas, deve saber cuidar da sua própria imagem, definindo a sua própria história, que deve estar alinhada com o que fala nos meios digitais e, acima de tudo, deve manter o bom humor. Sendo ele o médico da comunicação de pessoas e organizações, deve ter um mínimo de simpatia, sem exageiros.

Agora que você já sabe a forma como atua um profissional de RP, faça um diagnóstico de algumas ferramentas que ele utiliza e avalie se você mesmo
não poderia pôr em prática alguns desses recursos.

Caso tenha dificuldade, temos uma dica: seja humilde e procure estabelecer relações sempre de confiança, ética e profissionalismo. Todos nós em algum momento somos RP de nós mesmos. Gerencie a sua comunicação por meio de cada passo já explicado neste
livro e seja o RP de sua própria carreira.

A CARREIRA É AGORA, MAS A VISÃO TEM DE SER SEMPRE À FRENTE!

ACREDITO QUE, ANTES DE A PESSOA ESCOLHER A CARREIRA DE RELAÇÕES PÚBLICAS, ELA TAMBÉM PRECISA SER ESCOLHIDA PELA PROFISSÃO. MESMO COM EXCELENTES UNIVERSIDADES E FACULDADES DE RELAÇÕES PÚBLICAS NO BRASIL E NO EXTERIOR, SER RP É UMA CONQUISTA DIÁRIA. O RP É O PROFISSIONAL QUE NUNCA ESCOLHE HORA OU LUGAR PARA TRABALHAR. DO MOMENTO QUE ACORDA ATÉ A HORA DE DORMIR, DA FILA DE SUPERMERCADO À FESTA MAIS BADALADA, TODO MOMENTO É HORA DE FAZER CONTATOS, IDENTIFICAR NICHOS DE MERCADO QUE PODEM VIRAR TRABALHO, MANTER O RADAR LIGADO NAS AÇÕES DE MARCAS E EMPRESAS E, JUNTO A TUDO ISSO, A PREMISSA MAIS IMPORTANTE DE TODAS: OBSERVAR O COMPORTAMENTO DO CONSUMIDOR – QUE CONSTANTEMENTE É BOMBARDEADO DE INFORMAÇÕES O TEMPO TODO. NA VIDA DE UM RP, NÃO HÁ COMO TER ROTINA OU UMA PREVISÃO DOS

palavra do profissional

FATOS. PARA CADA SITUAÇÃO PODEM SURGIR INÚMEROS FATORES QUE TORNAM A PRESENÇA DESSE PROFISSIONAL INDISPENSÁVEL. DIANTE DE UM PROBLEMA DE CRISE DE IMAGEM, O RP É CAPAZ DE DESCOBRIR UMA OPORTUNIDADE DE REVERTER A IMAGEM NEGATIVA DE UMA MARCA OU EMPRESA. O RP TAMBÉM É RESPONSÁVEL POR REPOSICIONAR UMA LABEL OU TORNAR UMA MARCA DESCONHECIDA NA NOVA QUERIDINHA DO MOMENTO, O FAMOSO "HYPAR UMA MARCA". POR ISSO, A LIÇÃO NÚMERO UM PARA EXERCER A PROFISSÃO COM MAESTRIA É LER DIARIAMENTE TODOS OS JORNAIS, COMPRAR REVISTAS DE MODA, ARTE E CULTURA, ASSISTIR TEVÊ DE FORMA CRÍTICA, ACOMPANHAR OS ÚLTIMOS LANÇAMENTOS DE PRODUTOS (E SUAS CAMPANHAS PUBLICITÁRIAS) – DE *GADGETS* A PERFUMES, SÉRIES E DOCUMENTÁRIOS, E FREQUENTAR EVENTOS COMO INAUGURAÇÃO DE EXPOSIÇÕES DE ARTE, PRÉ-ESTREIAS DE FILMES, SEMANAS DE MODA E FESTIVAIS DE MÚSICA. A FIGURA DO RP E A SUA CONTRATAÇÃO REFORÇAM TODO O PLANEJAMENTO DE COMUNICAÇÃO DENTRO DE UMA BRAND.

„

PROFISSÃO NOVA, GRANDES DESCOBERTAS!

POR SE TRATAR DE UMA PROFISSÃO NOVA E BASTANTE SELETIVA, O TRABALHO DE RELAÇÕES PÚBLICAS PROPORCIONA A LIBERDADE DE VOCÊ CRIAR OS SEUS PROCESSOS DE TRABALHO E ESTABELECER SUAS PRÓPRIAS METAS. COMO O SEU MAILING (BANCO DE DADOS SEGMENTADO DA FORMA QUE VOCÊ QUISER) VAI SER MONTADO, QUE DIRETRIZES VOCÊ QUER PARA ELE, QUAIS MECANISMOS VOCÊ VAI UTILIZAR PARA ATUALIZÁ-LO? É POSSÍVEL TAMBÉM EXPERIMENTAR FORMAS DE TRABALHO: COMO OS SEUS COMUNICADOS E CONVITES SERÃO ENVIADOS E RECEBIDOS, COMO SERÁ A SUA COMUNICAÇÃO COM O SEU PÚBLICO E QUAL O SEU PERFIL DE TRABALHO. O RP TEM A LIBERDADE DE EXPERIMENTAR E CRIAR NOVAS FERRAMENTAS E ESTRATÉGIAS DE IMAGEM PARA SEUS CLIENTES.

O MUNDO É UM OVO!

O PROFISSIONAL DE RP É CONHECIDO POR TER DE ADOTAR UM COMPORTAMENTO BASTANTE POLIDO E MANTER UM TOM

palavra do profissional

NEUTRO EM QUALQUER SITUAÇÃO NA QUAL É ENVOLVIDO. POR TER UM AMPLO CÍRCULO SOCIAL, FREQUENTAR LUGARES IMPORTANTES E MANTER SOB SUA TUTELA OS CONTATOS MAIS QUENTES DE UMA SOCIEDADE, O RELAÇÕES PÚBLICAS NÃO PARTICIPA DE CONFUSÕES OU BRIGAS, NÃO LEVANTA BANDEIRA POLÍTICA, NÃO CRIA POLÊMICAS NAS REDES SOCIAIS E TEM A MISSÃO DE SER UM ELO QUANDO EXISTE POSSIBILIDADE DE PARCERIAS E NEGÓCIOS.

SER RELAÇÕES PÚBLICAS EXIGE UMA POSTURA NATURAL DE GOSTAR DE PESSOAS, SABER A HORA DE ENTRAR E DE SAIR DE CENA, DEIXAR A MARCA E O SEU CLIENTE BRILHAR MAIS DO QUE VOCÊ E TER O TALENTO PARA SABER DE INFORMAÇÕES CONFIDENCIAIS E IMPORTANTÍSSIMAS – E MANTER TUDO EM SIGILO ABSOLUTO. AO SER CONTRATADO POR UMA MARCA, AO PRESTAR O SEU SERVIÇO PARA AUXILIAR A MARCA NO MOMENTO EM QUE ELA RECORRE A VOCÊ, SAIBA QUE A SUA CONTRIBUIÇÃO FAZ A DIFERENÇA PARA AQUELE RESULTADO. FAZER PARTE DE MOMENTOS ESTRATÉGICOS E MANTER A CREDIBILIDADE E A CONFIANÇA DAS MARCAS MAIS

"

"

IMPORTANTES DO PAÍS É UMA CONQUISTA REALIZADA POR ANOS DE EXPERIÊNCIA E COM UMA MARGEM MUITO PEQUENA PARA O ERRO. POR ISSO, O FOCO E A DEDICAÇÃO AO FAZER UM TRABALHO PEQUENO OU GRANDE DEVEM SER OS MESMOS, COMO SE TIVESSE FAZENDO SEU PRIMEIRO TRABALHO. AS PESSOAS NÃO PERPETUAM PARA SEMPRE NAS SUAS EMPRESAS E CARGOS, ELAS MUDAM DE ATIVIDADE PROFISSIONAL, MUDAM DE CIDADE E PAÍS. PORÉM, SÓ DUAS COISAS NÃO MUDAM: A PERCEPÇÃO E A CREDIBILIDADE QUE VOCÊ CONQUISTA COM O SEU TRABALHO AO LONGO DE SUA CARREIRA PROFISSIONAL.

CONECTING PEOPLE X ENERGY MAKER

CONECTAR MARCAS A PESSOAS É, ANTES DE MAIS NADA, UMA CIÊNCIA SEM FÓRMULA EXATA E RECEITA PRONTA. É PRECISO PERCEBER AS AFINIDADES ENTRE O POSICIONAMENTO QUE A MARCA QUER ATINGIR E O

palavra do profissional

MOMENTO QUE O PÚBLICO-ALVO SE ENCONTRA, INTERPRETAR A SINERGIA ENTRE AMBOS E CONSEGUIR PROPORCIONAR NO MOMENTO CERTO UMA EXPERIÊNCIA ÚNICA E INESQUECÍVEL – SEM TEMPO PARA IMPREVISTOS OU ABORRECIMENTOS. TER O TALENTO PARA INTERPRETAR UMA PESSOA QUE PODE VIR A SER UM POTENCIAL CONSUMIDOR DE UMA MARCA VAI MUITO ALÉM DE SEXO, IDADE, RAÇA OU CLASSE SOCIAL: CONSISTE PRINCIPALMENTE NO ESTILO DE VIDA QUE A PESSOA LEVA, NO CÍRCULO SOCIAL DE AMIZADE, NOS LUGARES QUE FREQUENTA E NO TRABALHO QUE DESEMPENHA NO SEU ENTORNO – INDEPENDENTEMENTE DO SEGMENTO. PÔR ENERGIA NO TRABALHO A SER DESEMPENHADO É INDISPENSÁVEL PARA QUALQUER RECEITA DE SUCESSO!

PRISCILA BORGONOVI
PUBLIC RELATIONS

"

15
Ética, sustentabilidade, questões sociais e espirituais

O momento social em que vivemos pede, emergencialmente, uma severa observação das atitudes humanas e um consistente posicionamento sobre "a dor e a delícia" de vivermos, hoje, em sociedade.

O dia a dia nos coloca diante de situações que há alguns anos eram inconcebíveis. O álibi para a decadência social é sempre o tempo, o estresse, as cobranças, a competitividade.

Vivemos o caos moral. O egoísmo ganhou força, o ego passou a ser o alimento da alma, e questões sociais, como sustentabilidade, inclusão, fome, conflitos e guerras, não são vistas e discutidas com a devida atenção.

Temos a impressão de que falar de questões sociais nos torna mais frágeis, vulneráveis e "caretas", e de que a fortaleza está na blindagem do coração. Será?

Vivemos em sociedade por pura necessidade. Somos seres gregários justamente pela nossa total incapacidade de vivermos sozinhos. E por que estamos nos isolando e nos tornando frios e cruéis?

Percebemos a dificuldade em viver em sociedade e o que podemos destacar é o medo do relacionamento. Medo de não ser aceito, medo de ser julgado, medo de não caber nos moldes que o sistema nos impõe. Então nos isolamos.

A baixa autoestima não nos dá condição para o relacionamento. Se não somos equilibrados no que se refere à nossa autoaceitação, não conseguimos nos expor, nos relacionar e absorver possíveis julgamentos.

O relacionamento interpessoal está intimamente ligado ao relacionamento intrapessoal. Tratamos o mundo como nos tratamos. Assim, se não nos vemos capazes de participar da "guerra de egos", preferimos nos esconder em nossas bolhas e, para isso acontecer, muitas vezes adotamos comportamento agressivo para afugentar as pessoas que estão à nossa volta. Pensamos, assim, estarmos protegidos.

Há a outra parcela de pessoas que, em vez de se recolher em suas bolhas, desestabilizam o ego. Tornam-se arrogantes e cruéis, também pensando na autoproteção: "aqui em cima ninguém me atinge!". Porém, tornam-se solitários e escravos do seu próprio ego, afinal, quem suporta viver com um ser que se acha o melhor, o imprescindível – essa pessoa desconsidera o outro, então o outro se afasta.

Se cada um decide viver dentro de sua bolha, onde fica a solidariedade, a preocupação com pessoas que precisam de mais atenção, que vivem em estado de profunda vulnerabilidade?

Essas pessoas voltadas para si mesmas vão conseguir se sensibilizar com o futuro do planeta, com a falta de água, com a imensidão de lixo que geramos, com o ar poluído que entope nossas artérias? Certamente não, pois enquanto houver o copo de água para ela matar a sede, não há com o que se preocupar. Ela se sente blindada em seu mundo solitário.

Como também pessoas egoístas vão poder lidar com as diferenças de etnia, de crenças, de aparência física, de necessidades diferentes das que elas têm? Não, elas não se preocupam, pois simplesmente não interagem com essas questões.

Constatamos a urgente necessidade de passarmos por um processo de humanização. Voltarmos a atuar de maneira humana e honrarmos a alcunha de "seres humanos" em sua real essência.

O planeta está sucumbindo às práticas egoicas de consumo desenfreado. A vaidade maltrata animais em experiências cruéis para tornar o humano mais belo. A necessidade de se ter milhões de coisas: roupas, sapatos, óculos, bolsas, acessórios, carros para sustentar a alma vazia machuca o planeta, que está entupido de excessos, assim como nós, em nossas casas lotadas de objetos sem significado.

Há milhares de pessoas que estão morrendo pelo simples fato de rezar para um Deus diferente daquele que o outro reza. Dobrar os joelhos para a religião virou um desafio, e não mais o gesto simples daqueles que têm fé.

Matança por terra, por poder, por vaidade, por dinheiro. Motivos rasos demais para ceifar a vida humana. Mas estamos testemunhando esses acontecimentos. Sem fazer nada. Que medo!

Temos a impressão de que a degradação humana não nos atinge. Parece que está longe demais para nos preocuparmos com isso. Mas a guerra começa em nós, na inquietação dos sentimentos, no desequilíbrio emocional, na necessidade de ter, e não mais de ser, afinal, o ter é concreto e dá para postar fotos em mídias sociais, o ser é abstrato e invisível...

Praticar a ética, sozinho, quando se tem a oportunidade de não ser ético (afinal, ninguém está vendo!) é o grande desafio. Como não levar vantagem da oportunidade? Não, a "moda" agora é levar vantagem em tudo. Mas até quando agiremos assim?

Queremos ser respeitados e admirados... Mas a ordem natural das coisas é: você precisa ser admirado primeiro, para depois ser respeitado. E como admirar pessoas que não agregam valor à sociedade, que sequer participam da sociedade, que se omitem dos problemas do mundo?

Precisamos voltar às origens. Somos mente, corpo e espírito. Há de haver equilíbrio nessa tríade que nos sustenta.

Cuidar da intelectualidade é importante, mas ter um corpo saudável é essencial. Agora, e o espírito? O que estamos fazendo com nossa espiritualidade?

Não falamos aqui de religião. Falamos da espiritualidade. Espiritualidade é estar em conexão com o espírito. Estarmos ligados intimamente a algo que está acima do ego. E estarmos conectados com o espírito significa também estarmos inspirados em nossa luz interior.

Quando nos distanciamos do espírito, ficamos cansados, cheios de fadiga, uma vez que damos lugar ao ego, que nos exige uma avalanche de emoções para mantê-lo: raiva, frustração, intriga. Emoções que demandam de nós muita força. E isso cansa!

Mantermos a espiritualidade nos eleva, trazendo positividade, equilíbrio e força. Quando estamos bem conosco, é mais fácil lidar com o outro, é mais fácil enxergar as necessidades alheias.

Participar do processo de evolução do mundo é um presente que temos de nos alegrar em ter. Zelar pela manutenção e pelo crescimento do mundo deve ser nosso compromisso diário.

Precisamos fazer parte do mundo, e não estar à parte dele. Precisamos atuar como sujeitos dessa ação.

Questões como sustentabilidade, ética, diversidade, fome e divisão equilibrada das riquezas devem ser nossa preocupação.

E preocupação somente não basta. A ação de realizar, de tomar parte dos processos de melhoria, de nos juntarmos a pessoas que abraçaram causas sociais e agir, de fato, fará a diferença no presente e no futuro.

A **felicidade,** a **alegria de viver** e a **paz interior residem** aí, na atitude de participar ativamente do mundo. E **fazer da nossa vida algo que valha a pena.**

VIVEMOS EM UM MUNDO CONECTADO, PORÉM COM PESSOAS CADA DIA MAIS DESCONECTADAS DE SI MESMAS.

O MUNDO DIGITAL TROUXE INÚMEROS BENEFÍCIOS PARA A VIDA COTIDIANA, MAS TROUXE NA BAGAGEM A REDUÇÃO DE UMA DAS HABILIDADES HUMANAS MAIS IMPRESCINDÍVEIS ATÉ UMA DÉCADA ATRÁS: A HABILIDADE RELACIONAL.

ENTRE DOIS INDIVÍDUOS COM NÍVEL IDÊNTICO DE QI, A HABILIDADE RELACIONAL SERÁ O MAIOR DIFERENCIAL QUE UM SER HUMANO PODERÁ DESENVOLVER. AFINAL, O ACESSO À INFORMAÇÃO JÁ NÃO É UM PROBLEMA HÁ ANOS.

O MUNDO DIGITAL ESVAZIOU A ESPIRITUALIDADE E AS QUESTÕES HUMANAS, REDUZINDO-NOS A LIKES E CURTIDAS. EXPRESSAMOS MILHARES DE OPINIÕES ATRÁS DAS TELAS. O "ESTAR AO VIVO" PRATICANDO O OLHO NO OLHO EXIGE

palavra do profissional

INFINITAMENTE MAIOR CAPACIDADE RELACIONAL DO QUE CLICAR EM UMA FOTO, VÍDEO OU DIGITAR QUALQUER COMENTÁRIO NO FACEBOOK.

SOMOS MAIS CORAJOSOS E VALENTES NO MUNDO DIGITAL. CRENÇAS E VALORES SÃO COLOCADOS À PROVA, EM BUSCA DO MAIOR NÚMERO DE COMPARTILHAMENTOS E ENGAJAMENTOS.

O MUNDO DIGITAL NOS EMPRESTOU A PREGUIÇA, E O MUNDO REAL ESTÁ SENDO ABANDONADO. BAIXAMOS NOSSA RÉGUA, SEM PERCEBER. EXIGIMOS MENOS, PELA PRATICIDADE. CONVIVEMOS MENOS, PELA AUSÊNCIA DE INICIATIVA. AFINAL, QUANTO MAIS SEGUIDORES, MELHOR.

REALLY?

MELINA KONSTADINIDIS PORCEL
CHIEF MARKETING OFFICER DO GRUPO ABRIL

16
Inteligência financeira

Inteligência financeira é a bola da vez. Há uma avalanche de cursos, palestras, vídeos e profissionais da área financeira propondo o milagre das contas em dia, do investimento e do futuro respaldado no sossego e na paz da aposentadoria.

Mas por que é tão difícil lidarmos com a vida financeira? Por que uma vida financeira desestabilizada mexe tanto conosco, influenciando, inclusive, a imagem que os outros têm de nós?

Desde muito cedo nos relacionamos com o dinheiro e precisamos dele para realizar nossos sonhos: comprar casa, carro, roupas, viagens, alimentos. O dinheiro também traz *status*, *glamour*, possibilidade de frequentar lugares seletos e de se relacionar com o luxo, ou seja, nossa relação com o dinheiro também é contaminada pela vaidade.

Aprendemos que o trabalho tem como pagamento o dinheiro. E trabalhamos, então. Muito! E até ganhamos dinheiro.

Mas a complexidade de nossa relação com o dinheiro está na administração dele, pois poucos sabem o que fazer com ele, e poucos dominam a arte de multiplicá-lo.

Ganhar dinheiro por mérito, por um trabalho de qualidade, é reconhecimento. De fato, merecemos ganhar dinheiro e viver a experiência de escolher o que comprar, onde morar, em que restaurante ir. Mas não sabemos, na maioria das vezes, dimensionar e equilibrar o dinheiro que temos com o que queremos comprar. E, às vezes, a conta não bate.

Conquistar um estilo de vida de maneira consciente é muito mais prazeroso do que ter um estilo de vida que não condiz com a nossa real situação. Muitas vezes nos damos conta de que estamos vivendo de aparência, satisfazendo egos e mantendo até relacionamentos que se estabelecem apenas por *status*, sem vínculo emocional nenhum e que em nada nos acrescenta. Mas, somos nós quem devemos decidir o que fazer com o nosso dinheiro, não a sociedade à nossa volta.

Quando gastamos mais do que ganhamos, em lugar de multiplicar dinheiro, ganhamos uma conta gigantesca, composta por juros, correção monetária, cartões de crédito cancelados, cobranças e humilhações.

O endividamento é um grande vilão do equilíbrio emocional e, quando falta equilíbrio emocional, falta coerência para a tomada de decisões. Começamos também a gerar situações de conflito no trabalho, em casa e em nossos relacionamentos, pois a preocupação cega e não enxergamos outras possibilidades. O fundo do poço nos parece um caminho sem volta.

Para evitar esse panorama tenso e triste, é necessário aprendermos a lidar com a nossa situação financeira.

Administrando de forma real e lúcida as nossas contas, a multiplicação e o crescimento da receita financeira podem ser uma consequência bastante positiva. Por isso, vale a pena pensar em educação financeira.

E por onde começar?

O primeiro passo é sempre ter a coragem de enxergar nossa real situação. Sem receios e com muita coragem para reverter o quadro.

Comecemos com a regra mais básica: levantamento de receita e despesas. Precisamos listar quais são nossos ganhos (salário, aposentadoria, etc.) e nossos gastos (despesas fixas – aluguel, prestação da casa, telefone, água, luz, condomínio, impostos; e despesas variáveis – lazer, vestuário, cartão de crédito, educação, presentes, etc.). Lembre-se de considerar despesas com estacionamento, cafezinho, gorjetas, um lanchinho no meio da tarde, etc. Muitas vezes nos endividamos por não nos darmos conta desses valores menores, que, quando somados, perfazem um montante considerável.

Não se preocupe com a ferramenta de controle (aplicativos, planilhas de Excel ou simples anotações num caderno). Aqui, o mais importante é anotar, severamente, item por item.

De posse dos valores de receita e despesas, caso seja constatado o endividamento, o próximo passo é estabelecer um plano de quitação de dívidas, partindo daquelas cujos juros são mais altos (limites de crédito de conta corrente e cartões de crédito são os grandes vilões).

Nesse momento vale pensar na possibilidade de renegociar a dívida, ou contrair dívidas com juros menores – por exemplo, optando por empréstimo consignado para quitar a dívida do cartão de crédito –, lembrando sempre que as parcelas devem caber, efetivamente, no orçamento. Do contrário, a bola de neve estará novamente assombrando, pois não conseguiremos quitar os compromissos assumidos.

Solicitar a diminuição de limites de cartões também é uma saída para começarmos o processo de disciplina e de contenção de gastos.

O importante é que o simples fato de deixar de pagar mensalmente juros altíssimos de cartões e conta corrente já possibilita uma diminuição das despesas do mês.

Dependendo da gravidade da situação, pode-se pensar em buscar outra fonte de renda (um trabalho alternativo, em horário alternativo). O sacrifício valerá a pena, pois não existe sensação melhor do que nos distanciar do endividamento.

Será inevitável reduzir gastos, e isso pode significar ir menos vezes ao cinema, diminuir compras de vestuário, controlar o consumo de água, de energia e o uso de celular.

Será preciso evitar também o consumo por compensação emocional ("o dia foi difícil"; "briguei com o namorado"; "mereço um presentinho", etc.). O consumo por compensação pode nos deixar profundamente dependentes e endividados sem que percebamos (sempre vale reforçar a máxima: equilíbrio emocional = equilíbrio financeiro). Há poucas exceções... acreditem!

Com o equilíbrio financeiro, devemos aproveitar esse momento de calmaria para tomar as rédeas da nossa vida financeira e refletir sobre o que fazer com o dinheiro. Há sobras? O que fazer com elas?

O primeiro passo é criar uma reserva de emergência, que serve para gastos inesperados com saúde, conserto de carro, compra de um eletrodoméstico, etc. Para criarmos essa reserva, é preciso separar uma parte da renda mensal e deixar em investimentos mais conservadores, que permitam retiradas imediatas, sem perda de juros. O ideal é que tal reserva represente de 3 a 6 meses da renda mensal.

Após a criação da reserva de emergência, continue poupando para realizar suas metas (casa própria, a viagem dos sonhos, um carro zero...) e também, principalmente, para a construção de um futuro com tranquilidade e segurança.

O mercado financeiro oferece inúmeras possibilidades de investimento, que vão desde a clássica poupança (a juros mínimos, porém com pouco risco) a investimentos menos conservadores (tesouro direto, ações, previdência privada, imóveis, etc.). Observe se está na hora de arriscar. Vale a pena pensar em fazer um bom curso de administração financeira ou procurar profissionais que possam direcionar o investimento, além de bons livros que podem auxiliar no aprendizado.

O caminho para a saúde financeira é árduo, mas constatar a sua real situação, estabelecer um plano estratégico e de contenção de gastos, atingir o equilíbrio e investir bem são as principais etapas para conquistar a sua independência financeira e assumir um estilo de vida mais alegre e feliz.

palavra do profissional

LIDAR COM RECURSOS FINANCEIROS DE FATO REQUER BUSCA CONSTANTE POR CONHECIMENTO, UMA VEZ QUE NA ATUAL CONJUNTURA SOMOS BOMBARDEADOS COM INFORMAÇÕES SOBRE FINANÇAS PESSOAIS, O QUE EXIGE SABER ESCOLHER ADEQUADAMENTE DENTRE TANTAS ALTERNATIVAS. CUIDE-SE PARA NÃO SER INFLUENCIADO PELO MARKETING AGRESSIVO QUE INDUZ AO CONSUMO DE PRODUTOS FINANCEIROS QUE NÃO AGREGAM VALOR ÀS SUAS FINANÇAS.

PREOCUPE-SE, POIS DADOS DA PESQUISA REALIZADA PELA STANDARD &POOR'S RATINGS SERVICES GLOBAL FINANCIAL LITERACY SURVEY (PESQUISA GLOBAL DE EDUCAÇÃO FINANCEIRA, DA DIVISÃO DE RATINGS E PESQUISAS DA STANDARD & POOR'S) AFIRMA QUE DE QUATRO ITENS ABORDADOS, 35%[1] ACERTARAM APENAS TRÊS DOS ASSUNTOS. FICA EVIDENCIADO QUE EXISTE AINDA MUITO A SER MELHORADO

---

[1] O conteúdo da pesquisa Financial Literacy Around the World: insights from The Standard &Poor's Ratings Services Global Financial Literacy Survey está disponível em http://gflec.org/wp-content/uploads/2015/11/3313-Finlit_Report_FINAL-5.11.16.pdf ?x87657. Acesso em 31-7-2017.

"

A RESPEITO DE EDUCAÇÃO FINANCEIRA NO BRASIL. A
PARTIR DESSA CONSTATAÇÃO, A MUDANÇA NAS REGRAS
DA APOSENTADORIA ESTÁ COBRANDO AINDA MAIS
RESPONSABILIDADE DAS PESSOAS PARA SUA VIDA FINANCEIRA.

QUANDO CHAMADOS PARA RESPONSABILIDADE,
COM INTUITO DE MELHORAR SEUS CONHECIMENTOS
E GERENCIAR SUAS FINANÇAS, A GRANDE BATALHA
SE DÁ A PARTIR DO ROMPIMENTO COM HERANÇAS
CULTURAIS RELACIONADAS AO DINHEIRO.
PENSE QUANTAS VEZES JÁ ESCUTOU QUE DINHEIRO
É O MAL DA SOCIEDADE. AGORA IMAGINE O
QUANTO O DINHEIRO CONTRIBUI PARA UMA VIDA
MELHOR, NÃO SÓ PARA A PESSOA QUE O TEM,
MAS TAMBÉM PARA OS SEUS FAMILIARES.

O CASO DE NÃO TER SIDO INSTRUÍDO FINANCEIRAMENTE
NÃO ISENTA O LEITOR DE DESBRAVAR ESSA JORNADA,
POIS A PARTIR DESTE MOMENTO FOI ELUCIDADA SUA
IMPORTÂNCIA. NÃO SE CULPE... SIGA EM FRENTE, MAS COM
UM NOVO OLHAR. A PARTIR DESTE MOMENTO NÃO DÁ PARA

palavra do profissional

VOLTAR ÀS CAVERNAS, COMO O PRÓPRIO PLATÃO AFIRMOU NO "MITO DAS CAVERNAS", DO LIVRO *A REPÚBLICA*.

MUDAR O MODELO MENTAL EM RELAÇÃO AO DINHEIRO EXIGE VIGILAR ATITUDES QUANTO AO CONSUMO EXCESSIVO DE PRODUTOS E SERVIÇOS. É PRECISO DESCOBRIR QUAIS MOMENTOS MAIS INFLUENCIAM SUAS DECISÕES: BRIGA COM O CÔNJUGE, ESTRESSE NO TRABALHO, BALADAS NO FINAL DE SEMANA, ENTRE OUTROS... SE CONSEGUIR ESTRUTURAR OS FATORES DESENCADEADORES DE CONSUMO COMPULSIVO, JÁ TERÁ DADO UM PASSO PARA A MUDANÇA.

MUDAR ESTÁ RELACIONADO ÀS RECOMPENSAS EFETIVAS PROPORCIONADAS NESSE NOVO CENÁRIO. TALVEZ SEJA INTERESSANTE PENSAR NO QUANTO ESSA MUDANÇA DE POSTURA PODERÁ LHE TRAZER UMA CONDIÇÃO DE VIDA MAIS TRANQUILA PARA FAZER ESCOLHAS EM RELAÇÃO A TODAS AS ÁREAS DE SUA VIDA.

IMAGINE QUANTAS PESSOAS, NO MOMENTO ATUAL, ESTÃO EM EMPREGOS QUE JULGAM NÃO SER O MAIS

"

ADEQUADO, MAS FICAM COM MEDO DE SAIR OU MUDAR
EM RAZÃO DO NÚMERO DE PRESTAÇÕES E CONTAS
QUE TÊM A PAGAR? NÃO POSSUIR RESERVA FINANCEIRA
ALGUMA INVIABILIZA A SAÍDA DE TAL SITUAÇÃO.

ESCOLHER ENTRE ANTECIPAR OU POSTERGAR A REALIZAÇÃO
DE UM DESEJO DEMANDA ACREDITAR NA POSSIBILIDADE
DE QUE A RENÚNCIA REALIZADA HOJE LHE PERMITIRÁ
MAIOR CONSUMO NO MOMENTO FUTURO. NÃO É FÁCIL
CONSEGUIR TOMAR TAL DECISÃO EM UM CENÁRIO EM QUE
A TODO INSTANTE HÁ UM APELO AO CONSUMISMO.

NOSSOS AVÓS TINHAM A CULTURA DE GUARDAR DINHEIRO
COM O INTUITO DE REALIZAR SUAS COMPRAS SEM PARCELAR
E NEGOCIAR ALGUM TIPO DE DESCONTO POR EFETUAREM
O PAGAMENTO À VISTA. TAMBÉM SE PREOCUPAVAM
BASTANTE COM O FUTURO E SEMPRE TINHAM ALGUM
DINHEIRO GUARDADO PARA ALGUMA EMERGÊNCIA.

QUANDO CONVERSO COM ALGUMAS PESSOAS QUE SÃO
JOVENS HÁ MAIS TEMPO, FICO UM POUCO PREOCUPADO

palavra do profissional

COM SEUS RELATOS, POIS, MESMO SENDO APOSENTADOS, É SABIDO QUE OS VALORES RECEBIDOS POR ELES NÃO GARANTEM MUITAS VEZES SEQUER SUA SUBSISTÊNCIA, ENTÃO IMAGINE ELES TENDO A NECESSIDADE DE AJUDAR OS FILHOS COM SITUAÇÃO FINANCEIRA DELICADA.

A PARTIR DESSAS CONVERSAS FICA EVIDENTE A NECESSIDADE DE SAIRMOS DA SITUAÇÃO DE REMEDIAR OS PROBLEMAS PARA TERMOS UMA ATITUDE MAIS PROATIVA EM RELAÇÃO AO DINHEIRO. OS CONCEITOS DE EDUCAÇÃO FINANCEIRA PRECISAM SER TRABALHADOS DESDE A TENRA INFÂNCIA, POIS DEIXAR PARA RESOLVER ESSAS SITUAÇÕES NA ADOLESCÊNCIA OU NA FASE ADULTA TORNA-SE MAIS COMPLICADO.

ENTÃO DEVO DEIXAR DE COMPRAR, IR A RESTAURANTES, VIAJAR, PASSEAR... NÃO! SUGIRO QUE PENSE EM COMO FAZER AS COISAS QUE MAIS LHE AGRADAM NA VIDA, PORÉM SEM COMPROMETER SUA EXISTÊNCIA E A DAS DEMAIS PESSOAS QUE, DE FORMA DIRETA OU INDIRETA, DEPENDEM DE SUA RENDA.

”

"

TER DÍVIDAS NÃO É UM PROBLEMA, DESDE QUE ELAS SEJAM
CONTRAÍDAS DE FORMA CONSCIENTE, OU SEJA,
QUANDO ESSE ENDIVIDAMENTO ESTEJA DENTRO DO
ORÇAMENTO DA PESSOA E QUE, DE ALGUMA FORMA,
ESTEJA CONTRIBUINDO PARA AUMENTAR SEU PATRIMÔNIO.

O EXERCÍCIO ATÉ O PRESENTE MOMENTO SITUA-SE
EM TENTAR OLHAR AS COISAS A PARTIR DE UM
NOVO PRISMA, CONSIDERANDO ALTERNATIVAS
TALVEZ AINDA NÃO IMAGINADAS.

VEJA QUANTAS PESSOAS COMPLICAM SUAS VIDAS
NA PARTE FINANCEIRA POR OLHAR OS OUTROS
E QUERER SE EQUIPARAR A ELES. O PROBLEMA É QUE
ESSAS PESSOAS MUITAS VEZES NÃO GANHAM PARA
ISSO. NÃO SE ILUDA COM A VIDA DOS OUTROS, POIS
AS APARÊNCIAS ENGANAM. HÁ DIVERSAS PESSOAS QUE
APARENTEMENTE ESTÃO COM UMA VIDA CONFORTÁVEL,
PORÉM TÊM UMA SÉRIE DE FINANCIAMENTOS A PAGAR
E MUITAS VEZES NÃO OS PAGAM. CONTROLE SUA
EMOÇÃO E NÃO SE DEIXE INFLUENCIAR, POIS TEMOS

palavra do profissional

A TENDÊNCIA DE SEMPRE ACHAR QUE A GRAMA DO VIZINHO É MAIS VERDE DO QUE A NOSSA.

QUANDO NÃO VIVEMOS DE ACORDO COM NOSSAS POSSIBILIDADES, ACABAMOS TENDO PROBLEMAS E PERDENDO ALGO QUE, DEPENDENDO DE COMO FOR UTILIZADO, FARÁ GRANDE DIFERENÇA NA SUA VIDA. SABE DO QUE ESTOU FALANDO? ISSO MESMO, DO CRÉDITO.

TER CRÉDITO É FUNDAMENTAL PARA CONSEGUIR REALIZAR ALGUNS SONHOS. SENDO ASSIM, FICA EVIDENTE QUE ELE NÃO É UM PROBLEMA, DESDE QUE SEJA USADO DE FORMA ADEQUADA.

OLHE AO SEU REDOR. UMA PESSOA TEM CRÉDITO COM OUTRAS DE ACORDO COM SUAS ATITUDES, POSTURA, VALORES, CONVICÇÕES, ETC. NO MUNDO DAS FINANÇAS NÃO É DIFERENTE. CRÉDITO NÃO DEVERIA SER NUNCA UM PROBLEMA, POIS SE BEM USADO É DE GRANDE VALIA EM MOMENTOS DE EMERGÊNCIA. PENSE QUANTAS VEZES

> TER CRÉDITO FOI FUNDAMENTAL PARA
> A CONSECUÇÃO DE UM OBJETIVO.
>
> ALGUÉM SE LEMBRA DO QUE ACONTECEU NOS
> ANOS 2007 E 2008? NO MOMENTO EM QUE
> ESCREVO ESSAS PALAVRAS JÁ SE PASSOU QUASE
> UMA DÉCADA DESDE O ACONTECIDO. VOCÊ DEVE
> ESTAR SE PERGUNTANDO QUAL O EVENTO QUE MARCOU
> ESSAS DATAS. FOI A CRISE FINANCEIRA DO SUBPRIME,
> QUE COMEÇOU NOS EUA E SE ESPALHOU PELO
> MUNDO COM BASTANTE INTENSIDADE. EM LINHAS
> GERAIS, ERAM CONCEDIDOS CRÉDITO E FINANCIAMENTO
> PARA PESSOAS QUE NÃO TINHAM UMA BOA
> REPUTAÇÃO EM RELAÇÃO A PAGAMENTOS.
>
> UMA POLÍTICA DE CRÉDITO SEM MUITO CRITÉRIO PODERIA
> TER QUEBRADO TODO O SISTEMA FINANCEIRO MUNDIAL, POIS
> CRÉDITO ESTÁ DIRETAMENTE RELACIONADO À CONFIANÇA E,
> EM UM CENÁRIO DE MUITA INCERTEZA, ATÉ EMPRESAS
> E PESSOAS COM BOA REPUTAÇÃO E BOAS PAGADORAS
> DE SUAS DÍVIDAS FICARAM SEM CRÉDITO.

palavra do profissional

ENTÃO, NÃO TENHA MEDO DO CRÉDITO, APENAS APRENDA A UTILIZÁ-LO E SEJA MUITO FELIZ. UTILIZE-O SEMPRE DE FORMA SAUDÁVEL, QUE LHE PROPORCIONE BENEFÍCIOS.

O CARTÃO DE CRÉDITO, SE BEM UTILIZADO, PODE SER UMA GRANDE FERRAMENTA AO SEU FAVOR, UMA VEZ QUE VOCÊ TEM QUARENTA DIAS PARA PAGAR, E ELE AINDA PODE SE TORNAR UM GRANDE RELATÓRIO DE GASTOS, QUANDO VOCÊ O UTILIZA EM TODAS AS SITUAÇÕES, POIS TERÁ CONDIÇÕES DE SABER ONDE GASTOU SEU DINHEIRO. MAS, CUIDADO, NUNCA PAGUE O MÍNIMO DO CARTÃO, SEMPRE É PRECISO QUITAR A FATURA.

AGORA PODE SER TARDE E TALVEZ VOCÊ JÁ ESTEJA ENDIVIDADO. NÃO TEM PROBLEMA, DESDE QUE TENHA UMA POSTURA DE QUERER REALIZAR MUDANÇAS, BUSCANDO ORIENTAÇÃO, CONHECIMENTO E FORMAS PARA SAIR DESSA SITUAÇÃO. NÃO DELEGUE ESSA RESPONSABILIDADE PARA OUTRAS PESSOAS, SEJA VOCÊ MESMO RESPONSÁVEL PELO SEU SUCESSO FINANCEIRO.

„

"

TER UMA VIDA FINANCEIRA ESTÁVEL PARTE DA PREMISSA DE TER A CONSCIÊNCIA DO QUE É POSSÍVEL FAZER COM SEU DINHEIRO E CRIAR UMA METODOLOGIA QUE LHE PERMITA VIVER COM MENOS DO QUE GANHA, POIS, ASSIM, TERÁ DINHEIRO PARA INVESTIR.

E INVESTIR NÃO É DEIXAR O DINHEIRO NA "POUPANÇA", MAS BUSCAR CONHECIMENTO SOBRE OS DIVERSOS PRODUTOS FINANCEIROS DISPONÍVEIS NO MERCADO, VERIFICANDO SEMPRE QUAL É O SEU PERFIL PARA INVESTIMENTOS: CONSERVADOR, MODERADO OU AGRESSIVO. HAVERÁ SEMPRE PRODUTOS QUE ATENDAM ÀS SUAS NECESSIDADES E OBJETIVOS.

A POUPANÇA, DENTRE OS PRODUTOS FINANCEIROS DISPONIBILIZADOS NO MERCADO FINANCEIRO, EM MUITOS CASOS TRAZ A MENOR RENTABILIDADE PARA SEUS INVESTIDORES.

palavra do profissional

HÁ NO MERCADO PROFISSIONAIS DISPOSTOS A AJUDÁ-LO A MELHORAR O SEU DESEMPENHO NA ÁREA FINANCEIRA, MAS VOCÊ NÃO PODE RELEGAR A RESPONSABILIDADE DE SUA VIDA FINANCEIRA INTEIRAMENTE NAS MÃOS DE OUTRO.

SE PUDESSE LHE DAR UM CONSELHO, SERIA: TENHA UMA VIDA SIMPLES, SEM MUITAS VAIDADES E DESPERDÍCIOS, BUSCANDO SEMPRE OBTER MAIS CONHECIMENTO, POIS ESSAS ATITUDES FARÃO COM QUE SEUS RESULTADOS SEJAM MAXIMIZADOS.

RODRIGO ALVES SODRÉ
GRADUADO EM ADMINISTRAÇÃO DE EMPRESAS, PÓS-GRADUADO EM FINANÇAS EMPRESARIAIS E DOCENTE PELO SENAC. EXPERIÊNCIA DE MAIS DE DEZ ANOS NO RAMO EDITORIAL, CONSULTOR INDEPENDENTE PARA REESTRUTURAÇÃO DE EMPRESA.

17
Propósito: o significado de uma existência

Estamos vivendo atualmente um momento conhecido como "modernidade líquida".[1] Um tempo em que não temos certeza de nada, dada a infinitude de informações, teorias, possibilidades. O conhecimento atravessa uma perspectiva de provisoriedade, como se tivesse um prazo de validade, pois tudo pode mudar em segundos.

A ciência, que teoricamente é a fonte da certeza, nos propõe, a todo instante, novas descobertas, e assim ficamos à mercê da próxima novidade. É tudo muito fluido, sem forma definida, sem consistência.

Tal inquietude nos impacta significativamente, colocando-nos em um processo de autoquestionamento que pode gerar importantes mudanças em nossas vidas. Esse processo está relacionado ao nosso tempo de consciência, e não ao nosso tempo cronológico.

> Quem sou eu?

> Qual o sentido da minha vida?

> Estou no caminho certo?

> Quais são as minhas reais conquistas?

> De onde vim e para onde vou?

[1] Conceito desenvolvido pelo filósofo polonês Zygmunt Bauman (1925-2017).

Estas são apenas algumas das questões que geram desconforto, uma vez que as respostas não são nada fáceis e demandam uma reflexão sobre nossa caminhada, nossa trajetória até aqui.

Mas, como tudo tem seu lado bom, tais perguntas acabam nos levando a encontrar um elemento muito comentado hoje em dia: o propósito.

Afinal, o que é esse tal de propósito, de que tanto falam?

Nos dicionários, propósito pode ser definido como:

- a intenção (de fazer algo), projeto, desígnio;
- aquilo que se busca alcançar: objetivo, finalidade, intuito.

Etimologicamente, a palavra propósito vem do latim *propositum* (*pro* + *positum*). *Pro* significa "para mim", e *positum* (particípio do verbo "pôr"), "posto", "colocado", "posicionado".

Com base na origem da palavra, podemos compreender que propósito é aquilo que está colocado para mim. Aquilo que é meu. Assim, viver o propósito é oferecer o melhor de mim para o outro. Essa prática promove um bem-estar significativo, pois assim começo a me sentir parte da sociedade; entendo a minha importância e vejo sentido na vida, no trabalho, na existência.

Propósito é o que impulsiona a vida, é o que a faz valer a pena. É também uma possibilidade de criar um legado que impacte positivamente não somente a nossa existência, mas também a de quem caminha ao nosso lado.

A sociedade nos conduz a uma vida de consumismo. Há também o processo de coisificação do homem e das relações humanas, ou seja, tudo tem girado em torno de conquistas materiais. O sucesso, o êxito, é mensurado pelo saldo bancário, pelo carro, pelo endereço, pelas roupas de grife. E quando nos deparamos com questionamentos que dizem respeito à nossa essência, obtemos respostas surpreendentes.

É urgente empenharmos tempo e prática para olharmos para nós mesmos, caso contrário, a angústia, a ansiedade e a crescente insatisfação vão nos deixar doentes. Daí o lado bom da provocação e da inquietude causadas pelo atual momento, pelas incertezas e cobranças para atingirmos esse pretenso sucesso, que, na maioria das vezes, não é o sucesso que deslumbramos, mas sim o que os outros esperam de nós. Vivemos a perspectiva do outro e nos perdemos de nós mesmos.

O autoconhecimento nos apresenta e nos aproxima de um propósito, que é muito maior que um desejo, uma meta e um objetivo. O propósito nos revela a razão da nossa existência. Revela o sentido de nossas vidas.

Encontrar as respostas mais importantes e significativas exige atenção, cuidado e paciência. Devemos evitar a fadiga das tomadas de decisão e aproveitar cada segundo da trajetória até a descoberta do propósito.

E tudo bem se esse processo demorar… De verdade.

O importante é termos consciência de que, quando descobrimos o nosso propósito, ganhamos com isso benefícios imensuráveis.

Pessoas movidas por um propósito claro, definido, vivem com mais energia, com mais disciplina e consistência. O propósito traz brilho (e sangue!) aos olhos, para lutarmos pelo que acreditamos, para trabalharmos com o que faz sentido para nós.

O propósito traz vigor, alegria e paixão para a vida.

Quem não encontra um propósito acaba refém do lucro, da receita, do salário e, como consequência, tendo menos disposição e menos motivação para atuar em uma rotina que não traz o sentimento de realização.

Sabe aquelas pessoas que trocam de emprego para ter um salário maior ou um cargo mais alto? Mudam e mudam... e quando atingem o salário almejado, o cargo perseguido, zeram novamente a motivação, e assim o ciclo de buscas, encontros e desencontros recomeça?

Diferentemente do objetivo – comprar um carro, por exemplo – e da missão – algo grande a ser atingido, como a paz mundial –, o propósito é autocentrado, só depende de cada um. É uma busca interior. Talvez a mais importante de todas.

Ao encontrarmos nosso propósito, passamos a entender por que e para que vivemos e o impacto que nossas vidas causam nas pessoas ao nosso redor.

Propósito é o que transborda do melhor de nós, afetando e melhorando a vida do outro.

Propósito é o sentido, a direção para a qual se caminha. **O propósito não tem fim, não se esgota.**

Pergunte-se:

- Se eu não precisasse de dinheiro, o que eu faria sem remuneração (mas muito feliz!)?

- Qual atividade me deixa em estado de *flow* (um estado mental que nos permite executar uma tarefa com profunda imersão e foco; proporcionando tamanha alegria e prazer que mal notamos o tempo passar)?

- O que eu faço tão bem que as pessoas elogiam? O que eu amo fazer? O que eu faço e não sinto o peso do cansaço?

- Qual é o meu legado? Como se lembrarão de mim? O que estou realizando e que ficará depois de mim?

- O que faz meu coração acelerar e se alegrar?

As respostas certamente vão clarear qual é o seu propósito de vida. Sim, propósito de vida. O propósito não se refere a uma fase, a um período. Propósito é para a vida toda. Lembra que propósito é o sentido da vida, né?

O propósito alinha e conecta nossos quatro arquétipos (sonhador, pensador, amante e guerreiro), possibilitando que eles atuem em harmonia. Assim, a criatividade, a lógica, os sentimentos e as ações promoverão a sensação de bem-estar que tanto desejamos. Dessa forma, o querer, o sentir, o pensar e o fazer estarão integrados e, consequentemente, resultarão em felicidade e em sentimento de realização.

Buscar nosso *ikigai* (nossa razão de ser) é mais benéfico que trabalhoso. Aproveite, novamente, o caminho da busca. Deleite-se com o direcionamento do olhar para dentro. Chega de se distrair com estímulos externos, com o que é do outro. O propósito, o *ikigai*, está em você.

Dê o primeiro passo: conscientize-se dos benefícios de se ter um propósito.

A partir daí, aproveite os *insights* que alguns momentos de pausa proporcionam (durante o banho, vendo um filme, lendo, conversando despretensiosamente com alguém). Atente-se aos sinais.

Saia da rotina, liberte-se, permita-se quebrar padrões. Aprenda algo novo. Experimente novos caminhos, novos sons, novos autores.

Inspire-se em pessoas. Observe quem está à sua volta. Acerque-se de pessoas inspiradoras, realizadoras, que te impulsionam, te fortalecem, te motivam.

Descubra o que você realmente não gosta em seu trabalho: às vezes o problema não é o trabalho em si, mas é o horário que te consome, o chefe que não te valoriza, a falta de perspectiva que te desanima.

A realização de algo que não proporciona alegria e satisfação cansa e sobrecarrega, mais do que deveria, a rotina de trabalho.

Ansiar pela sexta-feira e fugir da segunda é um termômetro da falta de motivação. Fernanda Montenegro jamais cogitou aposentar-se de sua carreira, porque atua com paixão, com vigor, pois levar a arte aos quatro cantos do mundo é o propósito dela, é o que torna o palco o seu paraíso. E, como já falamos, o que transborda nela (a arte) nos impacta positivamente.

Assim, o propósito traz a motivação para realizar algo, a certeza de que somos úteis ao mundo e às pessoas, e isso nos realiza, nos torna felizes.

Comece, desde já, a pensar no seu propósito. Não haverá fogos de artifício para sinalizar que o encontrou, mas haverá a certeza, dentro de você, ainda que silenciosa, de que a vida vale a pena e de que sua existência é importante para aqueles que têm o privilégio de compartilhar a vida com você.

palavra do profissional

PROPÓSITO DE VIDA É EXALAR O AMOR QUE HÁ EM VOCÊ (AQUILO QUE É SEU) PARA IMPACTAR POSITIVAMENTE O MUNDO. É A FORÇA (AQUILO QUE ESTÁ COLOCADO PARA VOCÊ) QUE FAZ VOCÊ SAIR DA CAMA TODOS OS DIAS E BUSCAR NOVOS OBJETIVOS E METAS. É VIVER COM ALEGRIA, MESMO NAS DIFICULDADES. É CONQUISTAR A SI MESMO, DANDO SENTIDO À SUA VIDA.

UMA VIDA SEM PROPÓSITO PODE SER ACOMETIDA POR DOENÇAS FÍSICAS OU MENTAIS. PODE TRAZER INSATISFAÇÃO CONSIGO MESMO E COM OS OUTROS, ALÉM DE FRUSTRAÇÃO, DEPRESSÃO E ANSIEDADE. PESSOAS SEM PROPÓSITO NÃO SABEM O QUE QUEREM DA VIDA, NÃO SABEM FAZER ESCOLHAS, NÃO SABEM QUE CAMINHOS PERCORRER. VIVEM EM CRISE EXISTENCIAL E COSTUMAM NÃO TER UMA VIDA LONGA E SAUDÁVEL.

PARA BUSCAR O PROPÓSITO É PRECISO, EM PRIMEIRO LUGAR, DESCOBRIR (BUSCAR) QUEM É VOCÊ.

"

Toda busca pede conhecimento, nesse caso, autoconhecimento, e não há como iniciar o caminho sem conhecer as vias de acesso.

Não encontraremos o nosso propósito de vida se não descobrirmos quem somos de verdade. O mapa do tesouro, o caminho, é o autoconhecimento. As vias de acesso são questões como: quais são meus desejos? Quais são meus princípios e valores? Quais são meus talentos e habilidades? Quais pensamentos são contaminados pelo medo? Onde e a que estou apegado? Quem ou o que me inspira? Entre muitas outras que devemos fazer a nós mesmos. Para encontrar as respostas, é necessário desligar o piloto automático, quebrar padrões e eliminar distrações (redes sociais, por exemplo).

A caminhada do autoconhecimento tem um destino certo: encontrar o seu propósito – e isso lhe dará a oportunidade de viver em harmonia e plenitude. Contribua com uma vida melhor para todos os que te rodeiam. Tenha uma vida longa, saudável e feliz. Trabalhe pelo amor ao trabalho e para um bem maior, sabendo que o dinheiro é apenas uma consequência.

palavra do profissional

ENXERGUE A ALEGRIA E A BELEZA NAS PEQUENAS COISAS, O AR DA MANHÃ, UMA XÍCARA DE CAFÉ, O PÔR DO SOL... DÊ IMPORTÂNCIA AO QUE REALMENTE É IMPORTANTE.

AUTOCONHECIMENTO É ELIMINAR A SOMBRA QUE HÁ EM MIM E EM VOCÊ, LEITOR.

ROSANA FRENEDA
FORMADA EM LETRAS E PEDAGOGIA E PÓS-GRADUADA EM NEUROEDUCAÇÃO. AUTORA DE DUAS OBRAS INFANTIS EM FORMATO DIGITAL, *CLARINHA E O PUDIM DE LEITE CONDENSADO* E *CLARINHA VAI À ESCOLA*, ALÉM DE TEXTOS NAS COLETÂNEAS *POEMAS DO CORAÇÃO*, *A ESSÊNCIA DE TUDO* E *CONTOS DE INVERNO* (EM FORMATO DIGITAL). DIRECIONADAS PARA PROFESSORES, PAIS E CRIANÇAS, SUAS ESCRITAS TÊM COMO TEMA A EDUCAÇÃO EMOCIONAL E A CONSTRUÇÃO DE PRINCÍPIOS E VALORES. DESENVOLVE E APLICA TREINAMENTOS FOCADOS NA HUMANIZAÇÃO CORPORATIVA. É COPRODUTORA E APRESENTADORA, COM ROSELI MAZULO, DO CANAL NO YOUTUBE PALAVRINHANDO EDUCAÇÃO.

Referências

ALBRECHT, Karl. *Inteligência social: a nova ciência do sucesso*. São Paulo: M. Books, 2006.

ANDRADE, Wagner M. *Projeto pedagógico viver 5S: manual*. Belo Horizonte: Soluções Criativas, 2017.

BENDER, Arthur. *Personal branding: construindo sua marca pessoal*. 10ª ed. São Paulo: Integrare, 2010.

BOOTHMAN, Nicholas. *Como convencer alguém em 90 segundos*. São Paulo: Universo dos Livros, 2012.

CHIAVENATO, Idalberto. *Gestão de pessoas: o novo papel dos recursos humanos nas organizações*. 2ª ed. Rio de Janeiro: Elsevier, 2004.

CUDDY, Amy. *O poder da presença: como a linguagem corporal pode ajudar você a aumentar sua autoconfiança e a enfrentar os desafios*. Rio de Janeiro: Sextante, 2016.

DE MIGUEL, Nicolau A. *As influências das mudanças organizacionais nas competências dos compradores do setor supermercadista: um modelo genérico de competências*. Tese de doutorado. São Paulo: Instituto de Psicologia da Universidade São Paulo, 2002.

DRUCKER, Peter Ferdinand. *Fator humano e desempenho: o melhor de Peter F. Drucker sobre administração*. Trad. Carlos Afonso Malferrari. São Paulo: Pioneira, 1981.

DRUCKER, Peter Ferdinand. *O gerente eficaz*. Rio de Janeiro: Guanabara Koogan, 1967.

FERRAZ, Danielle & MORAES, Penha. *Moda sob medida: guia prático de moda para a vida real*. São Paulo: Editora Senac São Paulo, 2017.

GARDNER, Howard. *Inteligências múltiplas: a teoria na prática*. Trad. Maria Adriana Veríssimo Veronese. Porto Alegre: Artmed, 1995.

GOLEMAN, Daniel. *Inteligência emocional: a teoria revolucionária que redefine o que é ser inteligente*. 36ª edição. Rio de Janeiro: Objetiva, 1996.

GRAMIGNA, Maria R. *Modelo de competências e gestão dos talentos.* São Paulo: M. Books, 2002.

HAMMER, Michael & CHAMPY, James. *Reengenharia: revolucionando a empresa em função dos clientes, da concorrência e das grandes mudanças da gerência.* 17ª ed. Trad. Ivo Korytowski. Rio de Janeiro: Campus, 1994.

HAMMER, Michael. *Além da reengenharia: como organizações orientadas para processos estão mudando nosso trabalho e nossas vidas.* Trad. Ana Beatriz Rodrigues e Priscila Martins Celeste. Rio de Janeiro: Campus, 1997.

JAWORSKI, Joseph. *Sincronicidade: o caminho interior da liderança.* São Paulo: Editora Senac São Paulo, 2014.

JORDÃO, Vera Lucia. *Competências gerenciais para a organização do trabalho na sociedade pós-industrial: um estudo de caso.* Dissertação de mestrado. Osasco: Unifieo, 2004.

KAHANE, Adam. *Como resolver problemas complexos: uma forma aberta de falar, escutar e criar novas realidades.* São Paulo: Editora Senac São Paulo, 2008.

KAHANE, Adam. *Poder & amor: teoria e prática da mudança social.* São Paulo: Editora Senac São Paulo, 2010.

KESTENBAUM, Normann. *Obrigado pela informação que você não me deu!* Rio de Janeiro: Elsevier, 2008.

MARIA, Gilka. "Ser chique. Uma questão de atitude.", em *A quem interessar possa.* Vitória: GM, 2007.

MENÉTREY, Sylvain & SZERMAN, Stéphane. *Desacelere: ouse diminuir o ritmo e viva melhor.* São Paulo: Editora Senac São Paulo, 2016.

NISEMBAUM, Hugo. *A competência essencial.* São Paulo: Infinito, 2000.

SCHIRATO, Sérgio J. *A sabedoria da qualidade: os desafios dos fatores humanos.* 2ª ed. rev. São Paulo: Editora Senac São Paulo, 2015.

SCIOTTI, Lucila M. S. *Horizontes para a liderança: para onde nos levam nossos modelos, crenças e ações.* São Paulo: Editora Senac São Paulo, 2016.

SENGE, Peter. *A quinta disciplina: arte, teoria e prática da organização da aprendizagem.* São Paulo: Best Seller, 1990.

SENGE, Peter. *A quinta disciplina – caderno de campo: estratégias e ferramentas para construir uma organização que aprende.* Trad. Antônio Romero Maia da Silva. Rio de Janeiro. Qualitymark, 1999.

TALEB, Alexandre. *Imagem masculina: guia prático para o homem contemporâneo.* São Paulo: Editora Senac São Paulo, 2016.

WORLD ECONOMIC FORUM. *The Future of Jobs Report 2020.* 2020.

ZARIFIAN, P. *Objectif compétence.* Paris: Liaisons, 1999.